Título: **En sus Marcas...**
© Primera Edición
   Mayo 2024

Todos los derechos reservados por:
D.R. Rafael Belmonte Olivares
Correo electrónico:

Diseño Editorial: Book
Diseño de Portada: LH. Zamudio

Reservados todos los derechos. Salvo excepción prevista por la ley, no se permite la reproducción total o parcial de esta obra, ni su incorporación a un sistema informático, ni su transmisión en cualquier forma o por cualquier medio (electrónico, mecánico, fotocopia, grabación u otros) sin autorización previa y por escrito del titular del copyright. La infracción de dichos derechos conlleva sanciones legales y puede constituir un delito contra la propiedad intelectual.

Registro Público del Derecho de Autor:

ISBN: 9798324773014

Impreso en México/Made and Printed in Mexico

Con gratitud

A Dios
Porque hasta aquí Él me ha ayudado

A mi familia
Por ser mi fuente de impulso,
mi amada esposa Raquel, mis hijos Ale y Ray,
a mi hermano Raúl.

A quienes me abrieron las puertas
para poder compartir estas vivencias y experiencias,
al Lic. Felipe García Hernández y
al Lic. Pedro Muñoz Zamudio
en sus respectivos Diarios.

A toda la Familia Acuariana por ser parte principal de
muchas de estas historias y vivencias.

Índice

Introducción	10
Prólogo	12

Capítulo 1
NUESTRA HISTORIA

Breve Semblanza del Club Acuario	15
Acuarianos Seleccionados Nacionales	17
Don "Álvaro Armas Gutiérrez"	20
Sumario de Oscar García González	21
Paco Romero Uscanga	24
Fernando Moranchel García	26
Se Apaga Una Estrella	28
Derribados, pero no Destruídos	31

Capítulo 2
LA NATACIÓN

La Natación, Un Estilo De Vida	35
Los Beneficios De Nadar	38
15 Razones Para Amar La Natación	42
Cero ahogamientos	45
Los beneficios de la natación en los bebés	48
La natación en los adultos mayores	51
El envejecimiento y del deporte	54
Beneficios de la natación en invierno	57

Capítulo 3
LOS NADADORES

Las características de los campeones según Bob Bowman	59
Disciplina, compromiso y pasión	62
La correlación entre el deporte y los estudios	65
Porqué se retiran los deportistas a temprana edad 1ª. parte ..	68
Porqué se retiran los deportistas a temprana edad 2ª. parte ..	72
Propósitos deportivos para un nuevo año	76
Como prepararse para una competencia de natación	78
Tips para levantarse temprano a entrenar	82

Capítulo 4
LOS ENTRENADORES

10 consejos para los entrenadores de natación	85
Los talentos deportivos	89
Como afecta la competencia	92
El juego mental del profesional de la natación	96
El liderazgo de los entrenadores deportivos	99
Sugerencias a los entrenadores	102

Capítulo 5
LOS PADRES

El papel de los padres en el deporte infantil	105
Consejos a los padres de deportistas	109
Como destruir el futuro atlético de su hijo	113
10 Items que los padres hacen en la natación que los entrenadores no pueden soportar	115

Capítulo 6
EL DEPORTE EN TIEMPOS DE LA PANDEMIA

El deporte en tiempos de crisis	121
Daños colaterales	124
Cambios en el deporte durante la pandemia	127
Incongruencias	131
Porqué nadar después de la pandemia	134
Beneficios del deporte después del Covid	137
Innovaciones en el deporte	140
Tendencias deportivas en la pandemia	143

Capítulo 7
CAPACITACIÓN

La importancia de la capacitación 147
Capacitación continua 151
Afila el hacha 154
Si te atreves a enseñar 158
Carpe Diem 161

Capítulo 8
ADMINISTRACIÓN DEPORTIVA

Planificación de la temporada 165
Objetivos y metas 168
Los valores en el deporte 170
La importancia de la calidad en el servicio 173
Asunto de prioridades 175
El perfil del dirigente deportivo 178
Evaluación 182

Capítulo 9
MOTIVACIÓN

La motivación en el deporte 185
El lado positivo del fracaso 187
Nunca es tarde para empezar 190
Nunca te rindas 192
Never give up 196

Capítulo 10
ÉXITO Y LIDERAZGO

Normas para ser un triunfador 199
Tres hábitos diarios para alcanzar el éxito 202
Actitud de vencedor 205
La clave del éxito 1ª. parte 209
La clave del éxito 2ª. parte 212
La clave del éxito 3ª. parte 215
La importancia de la persistencia 218

Capítulo 11
POLÍTICA Y DEPORTE

El deporte y la política	221
La Educación Física clave para salir del sedentarismo y la obesidad	224
Las instalaciones deportivas	227
¿Deportistas, dirigentes o políticos?	230
Odiosas comparaciones	233
¿Por qué?	236
¿Por qué no mejoramos los resultados de México 68?	239
Precisiones	243

Capítulo 12
GRANDES PERSONAJES DE LA NATACIÓN

Eulalio Ríos el mejor nadador veracruzano	247
Hace 56 años la gloria olímpica	250
La otra medalla	252
La historia de un record mundial veracruzano	256

Capítulo 13
REFLEXIONES

Las Vacas no dan Leche	261
La Hormiga y el Grillo	264

Rafael Belmonte Olivares

Introducción

"En sus Marcas" es un sumario de artículos publicados durante más de 10 años en los medios periodísticos y redes sociales.

Estos artículos son historias, vivencias, experiencias, reseñas de eventos, publicaciones de grandes autores del deporte, sobre todo de la natación, reflexiones, capacitación, consejos para los integrantes de la comunidad deportiva, anécdotas autocrítica y colaboraciones de nuestros lectores.

Todo inició en los años 70 cuando se formó el Club Acuario, en esos años empecé a publicar internamente un boletín que se llamó "El Acuanauta", fueron mis pininos en las publicaciones.

En el Acuanauta escribíamos el editorial, reseñas de los eventos en que participábamos, memorias de los torneos, poesías, reconocimientos y al final con la sección **"Los cinco libres"** donde hablábamos de todo un poco.

Este boletín era distribuido con toda la familia acuariana. Muchos Ex Acua aún conservan algunos ejemplares.

Más tarde recibí la invitación de un prestigiado Diario para publicar semanalmente artículos sobre la disciplina de la natación. Fue así como se originó la columna **¡En sus marcas!**

Después de un breve espacio en que se suspendió la publicación, hasta la fecha sigue publicándose gracias a la amabilidad y generosidad de los dueños y directores de este Diario.

Pero también se abrieron las puertas de otro gran Diario de Veracruz para la publicación de la columna. Muy agradecido por las invitaciones y por la oportunidad de compartir cada

semana **¡En sus Marcas!**, ya son más de 500 publicaciones.
Ahora también se sube en los medios digitales.

Creemos que la comunicación y la información son herramientas muy importantes en el desempeño de nuestras actividades, que debe ser permanente, continua, veraz y oportuna.

Deseo firmemente que esta colección de artículos de la columna ¡En sus marcas! les sea de utilidad y consulta.

Mientras haya alguien que lea, siempre habrá alguien que escriba.

Espero disfruten de la lectura.

El Autor

Rafael Belmonte Olivares

Prólogo

Querido lector,

Permíteme compartir contigo una reflexión que surge de más de seis décadas de experiencia en el mundo de la natación. Desde hace tanto tiempo, he estado inmerso en el olor del cloro, nadando, practicando y entrenando en el elemento que tanto nos apasiona.

Durante casi 55 años, he tenido el privilegio de conocer a Rafael Belmonte Olivares, conocido cariñosamente como Rafa o Belmont, desde nuestros días de competencias en el Puerto de Veracruz, cuando éramos jóvenes nadadores. Recuerdo con claridad cómo inauguramos juntos la maravillosa Alberca Leyes de Reforma en 1972, un evento que marcó el comienzo de una larga y fructífera trayectoria para Rafa, quien ya desde entonces demostraba su habilidad para organizar y liderar competencias.

A lo largo de los años, he tenido la fortuna de compartir innumerables experiencias con Rafa, participando juntos en competencias, clínicas y cursos tanto a nivel nacional como internacional. Y es precisamente esa vasta experiencia y conocimiento acumulado lo que hace que este libro sea tan valioso para todos nosotros, los entrenadores de natación.

En estas páginas, Rafa nos brinda una guía completa sobre cómo desarrollar nuestra profesión, desde los fundamentos más básicos hasta las estrategias más avanzadas. Nos recuerda la importancia de enseñar a nadar desde la infancia, prevenir y evitar cualquier posibilidad de que un niño se ahogue, nos ofrece consejos para la competición exitosa y nos inspira con ejemplos de los mejores entrenadores del mundo, como Bob Bowman, quien ha guiado a grandes talentos como Michael Phelps, y ahora también al destacado nadador francés León Marchand.

Pero lo que realmente hace que este libro sea especial es la pasión y el compromiso que Rafa ha dedicado a la capacitación continua de los profesores y entrenadores de natación. Su incansable búsqueda de la excelencia nos ha llevado a trabajar juntos en la organización de clínicas y certificaciones internacionales, asegurando que estemos siempre al día con las últimas tendencias y mejores prácticas en el mundo de la natación.

Además, Rafa nos deleita con historias fascinantes sobre los grandes nadadores veracruzanos como Eulalio Ríos, y los máximos exponentes de la natación mexicana, como Felipe "Tibio" Muñoz, medallista de oro en México 68, y Guillermo Echevarría, récord mundial en 1500 metros estilo libre en 1968. También aborda aspectos relevantes sobre dirigentes deportivos, líderes políticos en el ámbito deportivo y el perfil del dirigente deportivo. Por último, se resalta la historia del Club Acuario, desde sus inicios en albercas públicas hasta la realización del sueño de tener su propia instalación, reconociendo a todos los destacados atletas que han sido parte de él.

En resumen, este libro es una verdadera joya que nos invita a reflexionar, aprender y crecer como entrenadores y como personas, y nos propone reflexiones relevantes sobre el liderazgo y la importancia del trabajo en equipo. A través de sus páginas, encontraremos inspiración, conocimiento y, sobre todo, la pasión que Rafa ha dedicado a su amada profesión.

Por ello, te invito a disfrutar de esta lectura y a hacer los apuntes necesarios para aplicar en nuestro trabajo diario. Felicidades, Rafael Belmonte Olivares, por dejar este legado para el beneficio de todos los entrenadores, y por el orgullo que representa para tu familia.

Con un abrazo fraterno,

Dr. Ricardo Marmolejo Álvarez
Nadador y Entrenador Olímpico

DR. RICARDO MARMOLEJO ÁLVAREZ
(PROLOGUISTA)

- Presidente de la Asociación Mexicana de Profesores y Entrenadores de Natación MEXSCA
- Certificación Internacional ASCA Nivel 5
- Nadador Juegos Olímpicos Múnich. 1972, Juegos Olímpicos Montreal 1976 y Juegos Panamericanos, Cali, Colombia 1971, Juegos Panamericanos, México 1975
- Entrenador Nacional para los Juegos Olímpicos de 2008 en Beijing.

En sus Marcas...

Capítulo 1

Nuestra Historia

Breve Semblanza Del Club Acuario

- Fue fundado el 15 de mayo de 1971.
- Es uno de los clubes activos más antiguos del país.
- Su sede original fue la Unidad Deportiva Infantil. (ahora Fernando Pazos Sosa).
- Su fundador fue el **Prof. Rafael Belmonte Olivares**.
- Los primeros Instructores fueron **Silvio Ponce Hernández** y **Pancho González Alonso**.
- En 1973 ganaron por primera vez el Campeonato Estatal de Novatos.
- En 1974 tuvo su primera Campeona Nacional: Guadalupe Chávez Palacios.
- En 1975 una acuariana, Guadalupe Chávez Palacios, ganó el Premio Estatal del Deporte.
- El Club Acuario ha ganado por más de 30 ocasiones el Campeonato Estatal de Natación.
- Dos de sus eventos, el Festival Acuario y el Torneo "Álvaro Armas" son de los más antiguos de México.
- 27 acuarianos han sido CAMPEONES NACIONALES.
- Durante 28 años los nadadores del Club Acuario han ganaron medallas de oro en eventos nacionales.

• En 1979 los nadadores del Club Acuario ganaron 18 medallas nacionales de primer lugar individual, en 1980/16 y en 1983/ 20.

• En dos períodos consecutivos del 74 al 84 y del 86 al 96 el Club Acuario tuvo CAMPEONES NACIONALES, 22 años en total en pódium en diferentes eventos.

- En 1983 la nadadora Araceli Fernández González ganó 8 medallas de oro individuales y 3 en relevo para sumar 11 en los Juegos Nacionales Infantiles y Juveniles en Veracruz, Ver.
- Mónica Parroquín fue la primera acuariana en tener un RECORD NACIONAL de la FMN.
- 19 nadadores del Club Acuario han sido SELECCIONADOS NACIONALES.

- Tres acuarianos, Guadalupe Chávez Palacios, Raúl Chávez de Gante y Ana Rosa Graham Bazán han ganado el PREMIO ESTATAL DEL DEPORTE VERACRUZANO. También la clavadista Samantha Jiménez Santos de origen acuariano ganó el Premio Estatal del Deporte.
- Dos entrenadores del Acuario, Rafael Belmonte y Juan A. Jiménez, han sido miembros del Cuerpo Técnico Nacional.
- Los nadadores del Club Acuario han ganado más de 200 medallas nacionales individuales de primer lugar.
- El Club Acuario ha ganado medallas nacionales en 15 diferentes eventos nacionales.
- El **Prof. Rafael Belmonte** fue tres veces Vicepresidente de la Federación Mexicana de Natación.

Este año 2024, el Club de Natación Acuario cumple 53 años de actividades ininterrumpidas promoviendo el deporte, la salud, la educación, la disciplina, en suma, trabajando en la formación de personas con valores, disciplina y el amor al deporte, especialmente a la natación.

En sus Marcas...

Acuarianos Seleccionados Nacionales

"La historia no es una carga para la memoria, sino una iluminación para el alma"
Lord Acton

En el mes de mayo el Club de Natación Acuario celebra 53 años (1971-2024) de actividades ininterrumpidas al servicio de la comunidad veracruzana.

En estos años el Club no solo se ha mantenido en actividad, sino que ha dejado huella en el deporte de Veracruz y específicamente en la natación de Veracruz y de México.

Hoy queremos recordar a todos aquellos Acuarianos que por su brillante desempeño lograron el galardón de representar a México en eventos internacionales.

Muchos de años no solo fueron participantes sino también tuvieron un excelente resultado obteniendo medallas y dejando records a nivel internacional.

A continuación, presentamos el Sumario de la participación de los nadadores Acuarianos en la Selección Nacional de México.

Como podemos ver varios de ellos tuvieron varias participaciones internacionales.

Destacan los medallistas de oro y record del CCCAN Oscar García González en la prueba de 100 pecho, infantil B y Fernando Moranchel García, medalla de oro y record del CCCAN en la prueba de relevo libre 400 metros, infantil B. Ambos en el CCCAN de San Cristóbal, Venezuela (1979).

Lugar muy especial tiene nuestra medallista de plata en los JUEGOS CENTROAMERICANOS Y DEL CARIBE en Ponce, Puerto Rico (1993) Ana Rosa Graham Bazán, en la prueba de 100 mariposa. Ana Rosa ha sido hasta ahora la nadadora veracruzana más destacada en la natación de Veracruz.

Nos enorgullece formar parte de la historia del Club de Natación Acuario.

#	Nombre	Torneo	Sede	Año
1	Oscar García González	CCCAN	San Cristóbal, Ven.	79
2	Fernando Moranchel García	CCCAN	San Cristóbal, Ven.	79
3	Manuel Armas Otero	CCCAN	Oaxtepec, Mor	81
	Oscar García González	CCCAN	Oaxtepec, Mor	81
	Fernando Moranchel García	CCCAN	Oaxtepec, Mor	81
4	Francisco Romero Uscanga	CCCAN	Sto. Domingo	83
5	Raúl Chávez de Gante	CCCAN	Caracas, Ven	89
6	Gustavo Granillo Vela	PANAM SR	Caracas, Ven	90
7	Ana Rosa Graham Bazán	CAMEX	Panamá	92
	Gustavo Granillo Vela	J.PARAOLIM	Barcelona España	92
	Ana Rosa Graham Bazán	CCCAN	Cuba	93
	Ana Rosa Graham Bazán	J. CENTRO	Puerto Rico	93
8	Juan A. Jiménez Solís	CAMEX	Costa Rica	94
9	Sergio Zappién Muñoz	CAMEX	Costa Rica	94
	Juan A. Jiménez Solís	CAMEX	Guatemala	96
11	Agustín Gómez Rodríguez	CAMEX		00
12	Osmar A. Camarero Lara	CAMEX	Honduras	02
	Gustavo Granillo Vela	J.P.PANAN	Mar de Plata Arg.	03
13	Rafael Rosales Gallardo	CAMEX	Panamá	04
14	Olga Rosales Aedo	CAMEX	Panamá	04
15	Eduardo Orihuela Flores	CAMEX	Panamá	04
16	Eder Alberto Licona García	CCCAN	R. Dominicana	05
17	Nelly E. Miranda Herrera	J PARAOLIM	Beijing, China	08
18	Mayra Castañeda Castillo	CCCAN	Venezuela	08
	Mayra Castañeda Castillo	CAMEX	Guatemala	10
	Mayra Castañeda Castillo	CCCAN	Mayaguez; P. Rico	11
19	Marco A. Licona García	CCCAN	Mayaguez; P. Rico	11

RESUMEN

19 ACUARIANOS SELECCIONADOS NACIONALES

En sus Marcas...

Rafael Belmonte Olivares

Don "Álvaro Armas Gutiérrez"

En la historia del Club Acuario ha habido personajes muy importantes. Uno de ellos es el señor José Alvaro Armas Gutiérrez.

El señor Armas fue uno de los fundadores del Club. Llegó en 1971 trayendo a su nieto Manuel.

Desde los primeros días mostró su inquietud e interés por nuestras actividades.

Pronto se convirtió en un líder de los padres de familia, así de manera natural llegó a ser el primer presidente del Club.

En el cargo duró 11 años. Sus obras materiales fueron muchas. Varias de ellas fueron los techos de las gradas, del secretariado, la oficina, el reloj de paso, todas ellas hechas con sus propias manos.

Pero también su trabajo con los padres, los nadadores y sus relaciones con las autoridades fueron muy importantes.

De presidente del Club Acuario pasó a ser presidente de la Liga de Natación de Veracruz y de allí siguió hasta ser presidente de la Asociación Veracruzana de Natación.

Su obra principal, la unidad de la natación. Nunca tuvo conflictos. Muchas veces acompañó al equipo y a las selecciones a los eventos. Su buen carácter contribuyó al ambiente agradable, siempre apoyó a todos.

El Club Acuario durante muchos años le ha estado manifestando Reconocimiento y gratitud por su labor para construir lo que hoy es el Club Acuario.

Este 2024 llevamos a cabo el torneo en su edición 32, un evento que los últimos años ha tenido carácter internacional y forma ya parte de nuestros eventos de gran tradición, un evento referente en la natación nacional e internacional.

Al "Viejito" Álvaro Armas con cariño, muchas gracias.

En sus Marcas...

Sumario
de Oscar García González

Oscar "el Negro" García ha sido hasta ahora el Mejor Nadador del Club Acuario.

Este reconocimiento se lo ganó a pulso. Desde muy pequeño se inició en la natación en la Unidad Deportiva Infantil (hoy Pazos Sosa".

En 1976 empezó a destacar a nivel nacional ya que ganó el Campeonato Individual del Torneo del Club Asturiano en el Distrito Federal.

Siendo Infantil "A" (1977) ganó 7 primeros lugares en el Campeonato Estatal. Ese mismo año en un evento en Monterrey ganó 7 primeros lugares.

En 1977 en el torneo Pre Nacional ganó 8 primeros lugares. En el Campeonato del Distrito Federal ganó el Campeonato Individual de la Categoría Infantil "A" e implantó 2 records de campeonato. Una hazaña de nuestro nadador veracruzano-acuariano.

En su carrera deportiva en las competencias nacionales ganó en total 12 primeros lugares individuales, implantó 4 records nacionales y ganó el Campeonato de la Categoría Juvenil "A" en el Nacional de Curso Corto de la FMN en 1981.

Fue seleccionado nacional en los Campeonatos Centroamericanos del 79 (San Cristóbal, Venezuela) y en el 81 (Oaxtepec, México).

Rafael Belmonte Olivares

Sumario de sus medallas de oro nacionales individuales:

- 1977   50 y 100 pecho, Campeonato FMN; México, DF. 100 libres, Juegos Nacionales Infantiles; Naucalpan, Edo México.
- 1978   100 libres y 100 pecho; Juegos Nacionales; Oaxtepec, Mor.
- 1979   50 y 200 libres; Juegos Nacionales Infantiles; Oaxtepec, Mor.
  1981 400 y 200 CI; Campeonato CC FMN; Naucalpa, Edo México.
- 1982   100 y 400 con aletas; Federación Nado Subacuático; Guadalajara, Jal.
- 1983   100 con aletas; Federación Nado Subacuático; México DF.

Resultados Internacionales:

- 1977 10th Campeón Individual y 3 records en el Annual Blue Dolphin Internacional Open;
- 1978   Conferencia del Pacífico; Campeón Individual; California; USA.
- 1979   CAMPEÓN y RECORD en 100 metros pecho; Infantil "B" Campeonato Centroamericano. y del Caribe; San Cristóbal; Venezuela.
- 1981   2º. Lugar en 200 pecho; Juvenil "A" Campeonato Centroamericano y del Caribe; Oaxtepec, Morelos.
  2º. Lugar en 100 y 200 pecho Torneo Internacional Cuba

En 1979 ganó la Distinción del Nadador del Año del Club Acuario.

En sus Marcas...

Sus hazañas deportivas le hicieron uno de los mejores nadadores en la historial del Club Acuario y nos dejó un ejemplo de deportivismo, enjundia, trabajo, disciplina, pero sobre todo en su manera de conducirse diariamente tanto en los entrenamientos como en las competencias.

El Club Acuario le recuerda gratamente y le hace patente su **Reconocimiento.**

Rafael Belmonte Olivares

Paco Romero Uscanga

Hace años que su carrera terminó.

El no abandonó la lucha, simplemente se fue.

Formó parte de ese grupo tan especial que inició el Club Acuario, allá por 1971.

Nunca fue una "estrella". Pasó casi once años luchando por sobresalir. Muchos de nuestros otros muchachos llegaban a la cima y el pacientemente esperaba.

Al fin su época llegó.

En junio del 83 fue designado **"El Nadador del Mes"**. Había ganado tres primeros lugares individuales y tres primeros lugares en relevos durante los Juegos Nacionales Infantiles y Juveniles de la SEP.

Vistió el uniforme tricolor y representó a México en Santo Domingo en los Campeonatos Centroamericanos y del Caribe. Allí ganó una medalla de plata y su equipo mejoró el record nacional.

Se ganó el galardón **"El Nadador del Año"** del Club Acuario en 1983.

¿Sus méritos? La paciencia, la constancia, la disciplina, el trabajo y el deseo de ser un triunfador.

El no fue un **Campeón**, fue algo mas, fue un **Triunfador**.

El Campeón gana medallas y trofeos y vence a otros.

El Triunfador gana en la vida, se supera a si mismo.

En sus Marcas...

El Campeón se lleva los aplausos, el Triunfador se gana el respeto y el cariño de los demás.

El Campeón es un ídolo, el Triunfador es un Líder.

Aún después de que se fue nos sigue uniendo.
Cumplió como hijo, como deportista, como amigo y también como Maestro.

Paco es el ideal que todo entrenador quisiera tener en su equipo. Gracias a Dios, nosotros lo tuvimos.

**"...Cuando un amigo se va, queda un espacio vacío,
Que no lo puede llenar la llegada de otro amigo.
"...Cuando un amigo se va, queda un tizón encendido,
Que no se puede apagar con las aguas de un río".**

Rafael Belmonte Olivares

Fernando Moranchel García

Hijo de finado Don Fernando Moranchel Coronado, muy destacado jugador de futbol, profesional con los Tiburones Rojos y muchos equipos más. Su mamá doña Susana García. Tiene varios hermanos que también brillaron en diversos deportes: Xavier, Alejandro y Mauricio.

Se inició en la natación desde pequeño en la alberca del llamado entonces "Parque España".

Muy pronto destacó en la escuela y pasó al equipo. Fue detectado como un **Talento Deportivo.**

Su rápido ascenso le llevó a conquistar los títulos municipales, estatales y nacionales.

Fue campeón nacional seis veces. En 1979 en los Juegos Nacionales Infantiles y Juveniles celebrados en Oaxtepec, Mor. en donde ganó las pruebas de 50 pecho, 50 dorso, 100 y 400 libres y además el título de campeón individual de la categoría infantil "A".

En 1981 ganó la prueba de 100 dorso en Naucalpan, Edo. México en el campeonato nacional de curso corto de la Federación Mexicana de Natación.

En 1982 ganó los 200 dorso del nacional de curso corto de la FMN en Guadalajara, Jal.

Fue seleccionado nacional en 1979 cuando participó en los XI Campeonatos Centroamericanos y del Caribe en San Cristóbal Venezuela donde fue parte del relevo de México en 400 libres, infantil "B" donde ganaron la medalla de oro e impusieron record centroamericano.

En sus Marcas...

En 1981 participó en los XII Campeonatos Centroamericanos de Oaxtepec, Mor. en donde ganó medalla de plata en 100 dorso y relevo libre, 3er. lugar en 200 combinado y 4º. en 200 dorso, juvenil "A".

En octubre del mismo 81 participó en el Torneo Internacional de Cuba donde ganó medalla de plata en 200 combinado y bronce en relevo combinado.

En 1981 en base a sus méritos deportivos fue designado Mejor Nadador del Año del Club Acuario.

En su carrera deportiva fue siempre un destacado nadador, pero también se distinguió por su disciplina, entrega y compañerismo.

Perteneció a una muy brillante generación de "acuarianos" y dejó huella para las nuevas generaciones.

Un reconocimiento y una felicitación para él y su familia.

Rafael Belmonte Olivares

Se Apaga una Estrella

"Un ganador es una persona que nunca se dio por vencido"

El Club de Natación Acuario lamenta la partida de este mundo terrenal de nuestra nadadora

Ana Rosa Graham Bazán

Ana Rosa llegó al Club Acuario por los años 80, sus padres Doña Ana y Don Juan la llevaron junto con su hermana Yolanda.

Ambas tuvieron una gran trayectoria en la natación del Club Acuario y de Veracruz llegando a ser Campeonas Nacionales.

Pero Ana Rosa tiene un lugar preponderante en la historia del Club Acuario.

Por sus grandes cualidades pronto se destacó, en 1983 fue merecedora de la Medalla del Honor al Mérito Deportivo "Don Fernando Pazos Sosa".

Fue Campeona Nacional en los años 1984, 1986, 1987, 1990 y 1994 de los Juegos Nacionales Infantiles y Juveniles, de los Juegos Universitarios y de la Federación Mexicana de Natación.

En los nacionales de la FMN fue campeona en categorías y en Primera Fuerza, lo que le valió ser seleccionada Nacional en varios eventos internacionales, donde no solo participó sino fue medallista.

En 1992 en Panamá participó y fue medallista de oro en el CAMEX.

En 1993 fue subcampeona de los CCAAN realizados la Habana, Cuba.

En 1996 participó con éxito en la Copa Álamo, en Fort Lauderdale, Florida; USA.

En sus Marcas...

Pero su máximo logro los obtuvo en los Juegos Centroamericanos realizados en Ponce, Puerto Rico en 1993 donde ganó la medalla de plata en los 200 mariposa.

En 1994 Ana Rosa se convirtió en la tercera Acuariana en ganar el **Premio Estatal Del Deporte** por sus logros de ese año, Campeona Nacional de 1ª. Fuerza de la FMN y medallista de los Juegos Centroamericanos.

Hasta la fecha ese ha sido el máximo logro que una nadadora de Veracruz ha alcanzado. Debemos anotar que otra nadadora veracruzana Diana Sánchez Luna también participó en Juegos Centroamericanos ganando medalla en los relevos, pero Diana participó representando a Puebla, donde estudiaba y tenía todo el apoyo.

En el año 2006 siendo Presidente Municipal de Boca del Río el Ingeniero Francisco Gutiérrez de Velasco se le confirió el alto honor, por sus méritos deportivos, a Ana Rosa Graham Bazán que la alberca de la Unidad Deportiva "Hugo Sánchez" llevara su nombre.

Para tal efecto se realizó una gran ceremonia donde se develó una placa con el nombre de Ana Rosa en la alberca, en esa ocasión el invitado especial y de lujo fue nuestro amigo Felipe Muñoz Kapamas, "El Tibio", único campeón olímpico mexicano en natación. También le acompañó el Ing. Eduardo Moreno en el presídium.

No fue fácil entrenar a Ana durante más de 15 años, ella tenía un carácter fuerte y rebelde, pero al mismo tiempo esas cualidades le llevaron a lograr todas sus metas.

**"Detrás de toda historia de éxito
hay muchos años de esfuerzo y sacrificio"**

Rafael Belmonte Olivares

Pudo llegar más arriba, pero decidió retirarse después de más de 15 años de entrenar.

Ana hizo suyo el pensamiento que dice:

**"No todo el que trabaja ha tenido éxito,
pero todo el mundo que tuvo éxito
ha trabajado duro"**

Durante dos años peleó la batalla contra una difícil enfermedad, al final perdió, pero siempre fue una guerrera.

Ahora hay una estrella más en el firmamento deportivo.

Ana Rosa Graham Bazán tiene un lugar seguro y preponderante en la historia de la natación de Veracruz, algún día cuando se haga realidad el Salón de la Fama del Deporte Veracruzano estoy seguro que los historiadores e investigadores le darán un lugar especial.

Descansa en paz Ana, lo merece, ella peleó la buena batalla, hoy está recibiendo la corona de la vida.

Derribados, pero no Destruídos

"Estamos atribulados en todo, más no angustiados; en apuros más no desesperados; perseguidos, más no desamparados, derribados, pero destruidos"
(2ª. Corintios 4:8-9)

Crónica de un día huracanado:

"Era un viernes 17 de septiembre de 2010. Las noticias nos habían avisado que el Huracán Karl amenazaba azotar el Puerto de Veracruz.

Recuerdo que ese día como a las 11 de la mañana salí de casa a hacer unas compras de emergencia a un centro comercial cercano a casa.

Estando allí el huracán hizo impacto en las costas veracruzanas. Recuerdo como muchos plafones del centro comercial se vinieron abajo y las lluvias cayeron dentro de sus instalaciones.

Tan pronto como pude salí de allí y llegué a casa sano y salvo.

Pero estando en casa recibí una llamada del jefe de mantenimiento del Centro Deportivo Aquabel. Me dijo: "Profe, es importante que venga acá". No me dijo más.

Inmediatamente salí de casa y sorteando árboles caídos, la lluvia intensa, las calles inundadas llegué a Aquabel.

Me estacioné y entré. Todavía me estremezco al recordar el panorama que encontré. El domo, que era nuestro emblema, estaba completamente derribado. Sus láminas habían caído sobre la alberca.

Me quedé unos instantes contemplando el espectáculo. Lagrimas rodaron por mis mejillas. Todavía hoy al recordar me conmuevo.

Pero teníamos que seguir adelante. Los días siguientes fueron de intenso trabajo. Una gran muestra de solidaridad de todo el personal, maestros, intendentes, trabajadores, personal de oficina, amigos nos ayudaron a limpiar toda el área.

Unas semanas más tarde se quitaron las láminas destruidas y estuvimos listos para seguir adelante. El espectáculo tenía que seguir.

Nuestros usuarios y amigos nos brindaron su apoyo y volvieron a nuestro Centro Deportivo, que lucía sin nuestro emblema, el domo.

**"Los amigos se cuentan dos veces,
en las buenas… para saber cuantos son
y en las malas… para saber cuantos quedan"**

En abril del 2011 realizamos nuestro 1er. Evento AQUABEL PLUS celebrando que estábamos de vuelta. Fue una gran fiesta con nuestros amigos y compañeros que nunca nos abandonaron.

Al final del 2011 de volvió a levantar otro Domo, que gracias a Dios permanece.

13 escuelas y 138 competidores participaron en ese evento, estuvimos de fiesta. Nos habíamos renovado.
Nuestros amigos siempre han estado a nuestro lado.

**"Los amigos son esas personas
que te levantan cuando otras personas
ni siquieran saben que te caíste"**

Hoy celebramos 13 años de habernos levantado, Gracias a Dios seguimos de pie.

En sus Marcas...

Capítulo 2

La Natación

La natación, un estilo de vida

"El deporte es sano y saludable para el cuerpo, pero lo importante no es saberlo, sino practicarlo"

La natación, igual que muchas otras actividades deportivas es más que una actividad de enseñanza-aprendizaje, tal como dice el slogan de nuestra organización: Es más que una escuela de natación.

En estos tiempos en que se han agudizado algunos problemas de salud producto del sedentarismo, la inactividad física, la mala alimentación, problemas ambientales, etc. las actividades físicas son una forma de paliar esta problemática.

Uno de los más importantes logros de nuestros tiempos la tecnología, en contraste han venido a resultar en una vida con deficiencias y carencias.

Ahora todo se nos facilita, el control remoto, la robótica en las fábricas, los celulares, las computadoras, los vehículos con alta tecnología han traído como consecuencia que las personas tengan menos esfuerzo, menos actividad física, menos trabajo.

Hay un dicho que aprendimos de niños:

"Toda máquina que no funciona se atrofia"

Y eso es lo que ha venido pasando con el cuerpo humano.

Rafael Belmonte Olivares

Me llama la atención el pensamiento que expresa:

**"Algo no va bien en una sociedad
que va al gimnasio en coche
para montar en un bicicleta estática"**

Es primordial que retomemos los juegos de antaño, cuando no había celulares, máquinas de juegos electrónicos, ahora todo lo hacen nuestros niños y jóvenes, y aún muchos de los adultos, sentado o acostado. Sin mayor esfuerzo.

Esto ha traído un grave problema de salud, obesidad, problemas de articulaciones, hipertensión, diabetes, osteoporosis, problemas respiratorios, enfermedades crónicas degenerativas, problemas emocionales, etc. son las principales consecuencias de los tiempos modernos.

Es aquí cuando las actividades físicas, de cualquier tipo, pero sobre todo la natación ofrece alternativas para mejorar la calidad de vida. En el caso específico de la natación, no se trata solo de aprender a nadar, lo cual es una premisa en todo tiempo, se trata de mover nuestro cuerpo a través de los múltiples programas que la natación ofrece.

En otras ocasiones hemos mencionado que la natación es la actividad física-deportiva más practicada en el mundo. 1,500 millones de personas en el mundo practican la natación.

Estas personas están convencidas de las bondades de su práctica. Hay programas y actividades para todas las edades, desde bebés hasta adultos mayores.

Hay programas de enseñanza, deportivos, terapéuticos, de acondicionamiento físico, rehabilitación, recreativos, escolares, aquafitness, etc.

Programas tanto personalizados como grupales, personales y familiares.

Llama la atención cuando algunos padres preguntan ¿en cuánto tiempo aprenderá a nadar mi hijo?

Pierden de vista que la natación, el deporte en general, no

debe ser temporal, sino un hábito de vida. Cuando la natación, el deporte que sea, se convierte en una forma de vida esto traerá beneficios a nuestro organismo.

Bien dice nuestro amigo Robert Strauss, "Yo nado por salud, no solo por gusto".

Bien recuerdo a mi maestro, el Dr. James Counsilman, el padre de la natación científica, quien a sus 80 años cruzó el Canal de la Mancha.

Es el nadador de mayor edad que ha logrado tal hazaña. Todo resultado de hacer de la natación una forma de vida.

Invito a nuestros lectores a que hagan de la natación, o de cualquier otro deporte, caminar, trotar, correr, andar en bicicleta, jugar futbol, etc. un hábito saludable, una disciplina. Su organismo, nuestro organismo se los agradecerá.

La práctica deportiva diaria mejorará a disminuir la fatiga, a reducir el stress, a mejorar nuestro humor, nos hará más eficientes en el trabajo. En suma, mejorará grandemente nuestra calidad de vida.

Así que recuerda lo que dijo Jim Rohn:

"Cuida de tu cuerpo, es el único lugar que tienes para vivir"

Recordemos la frase de Confucio:

"Si ya sabes lo que tienes que hacer y no lo haces entonces estás peor que antes"

Rafael Belmonte Olivares

Los Beneficios de Nadar

Muchos estudios realizados por científicos, médicos e investigadores han llegado a la conclusión de una de las maneras de mantener una vida saludable es el realizar actividades físicas regularmente.

Entre otras actividades se recomiendan el caminar, trotar, hacer ejercicios gimnásticos o alguna otra forma de ejercicio que ayude al organismo a mantenerse en buenas condiciones.

Pero casi todos coinciden en que **El Nadar** es una de las formas por excelencia para mantener el cuerpo activo, saludable y ayuda a alargar las expectativas de vida.

Entre otras les quiero mencionar **10 Beneficios** que trae al organismo el nadar:

1. Retrasa el proceso de envejecimiento.

Se ha comprobado que nadar es de gran ayuda en el combate al proceso de envejecimiento. Aunque esto último es imposible de evitar la natación puede retrasar sensiblemente su desarrollo ayudándonos a mantenernos jóvenes.

2. Ayuda a aumentar nuestra capacidad motriz.

Gracias al tipo de actividad que se tiene que realizar cuando se nada nuestro cuerpo está más alerta, además de que nuestra capacidad motriz aumenta. Nadar implica coordinar nuestras extremidades y la respiración. Asimismo, nadar nos ayuda a tener un mejor equilibrio y a tener un tiempo de reacción más eficiente y rápido.

3. Mejora la memoria.

Otro de los beneficios de nadar es que dicha actividad o ejercicio mejora nuestra memoria. Entre otras cosas, esto se debe a los ejercicios de respiración que se ponen en práctica al nadar, los cuales oxigenan de mejorar manera el cerebro, además de que la coordinación motriz produce que nuestro cerebro tenga que crear nuevos lazos neuronales.

4. Quema un mayor número de calorías.

Al ser un ejercicio sumamente completo, nadar es una de las mejores opciones para quemar mayores cantidades de calorías. Por supuesto, esto se debe a que el agua provoca que nuestras extremidades tengan que hacer un mayor esfuerzo para moverse. Esto se traduce en que nuestros músculos trabajan de cinco a seis veces más que en tierra. Nadar nos permite quemar en una hora hasta 600 calorías.

5. Incrementa la resistencia.

Nadar hace más resistente a nuestro cuerpo porque, por una parte, nos ayuda a desarrollar una capacidad pulmonar mucho mayor. Evidentemente, esto quiere decir que al nadar adquirimos una mayor capacidad de resistencia anaeróbica. Por otra parte, la natación tiene incidencia en el fortalecimiento de nuestros huesos, por lo que nuestro cuerpo en general es mucho más fuerte.

6. Mejora la flexibilidad.

Otro beneficio muy importante que nos proporciona el nadar es la elasticidad y flexibilidad de nuestro cuerpo. Gracias a que utilizamos las extremidades para practicarlo, nadar nos permite tener mayor movilidad, ejercitando las articulaciones. Como resultado de ello adquirimos mayor flexibilidad, elevando a su vez nuestro rango de movimiento.

7. Favorece el funcionamiento de nuestro sistema cardio respiratorio.

Como lo habíamos mencionado ya, nadar nos ayuda a fortalecer la respiración. Cuando nadamos necesitamos realizar ejercicios de respiración, los cuales tienen un efecto positivo en nuestro cuerpo. Principalmente esto provoca una mayor capacidad pulmonar y que nuestro cerebro se oxigene.

8. Elimina los dolores de espalda.

En la actualidad, muchos especialistas recomiendan la hidroterapia para curar ciertos padecimientos, sobre todo los dolores musculares. Una de las zonas más beneficiadas al respecto es la espalda: nadar constantemente puede disminuir o curar dolores de espalda y aumentar la flexibilidad de la misma. Asimismo, nadar también se utiliza en terapias para personas con problemas motrices.

9. Mejora la circulación.

Nadar también es benéfico para el sistema circulatorio. Cuando nadamos, cada órgano de nuestro cuerpo recibe un ligero masaje, lo que activa la sangre y nos hace sentir mejor. Por lo tanto, la natación o nadar es un ejercicio perfecto para aquellas personas que sufren de problemas circulatorios como várices. En este sentido, nadar tiene efectos rápidos en nuestras extremidades inferiores, permitiéndonos incluso ser más ágiles y tonificar esa parte de nuestro cuerpo.

10. Ayuda a la relajación.

Finalmente, nadar es una actividad o ejercicio relajante. Cuando nadamos, nuestros músculos realizan un gran esfuerzo, por lo que se tensan. Al final, este proceso provoca que los mismos músculos se relajen y descansen, dándonos una sensación de ligereza y bienestar. Pero nuestros músculos no son los únicos beneficiados. Nuestra mente también se relaja cuando nadamos, debido sobre todo a los ejercicios respiratorios que se realizan. Igualmente, como cualquier otra actividad física, nadar nos despierta el apetito, ayudándonos a mantenernos en forma y tonificar nuestros músculos.

**"Cumplir años es obligatorio,
ponerse viejo es opcional"**

Rafael Belmonte Olivares

15 Razones Para Amar La Natación

**"Felicidad no es hacer lo que uno quiere,
sino querer lo que uno hace"**
Jean Paul Sartre

Hoy quiero compartirles una información de uno de nuestros proveedores que considero les será de interés.

"Por deporte o por diversión, son muchas las razones por las que es beneficiosa la natación. Estas son sólo unas pocas de ellas:

1. Nadar es un deporte perfecto para cada tipo de personalidad. Si eres un nadador sociable, que disfruta reunirse y hablar con los amigos, este es tu deporte. Y si por el contrario eres un nadador independiente que busca desconectar y centrarse en su ejercicio de forma individual, éste también es tu deporte.

2. Puedes elegir entre una gran variedad de ejercicios como para no aburrirte. Aqua-zumba, sprint, aqua aeróbics, ejercicios de acondicionamiento físico, etc. Cada sesión puede ser diferente, lo que te permite vencer el aburrimiento y mantenerte motivado.

3. Te permite adaptar tus ejercicios al nivel que desees, ya sea natación intensa o suave. Es un deporte perfecto tanto para nadadores competitivos como para principiantes.

4. Estar sumergido en el agua reduce tus niveles de estrés y es ideal para relajarte, escapar de la realidad o desconectar del mundo.

5. Un deporte de bajo impacto. La natación muy recomendable para las articulaciones, lo que la convierte en una actividad apta para todas las edades, etapas de la vida y condiciones físicas.

En sus Marcas...

6. La natación libera endorfinas en el torrente sanguíneo, la popularmente conocida como la hormona de la felicidad. Tras una sesión de natación notarás, de forma natural, un bienestar físico y mental.

7. Con la natación trabajas prácticamente todos los músculos de tu cuerpo. De hecho, media hora de entrenamiento en estilo libre a un ritmo medio quema hasta 255 calorías.

8. Puedes practicar este deporte en cualquier época del año. No tienes porqué pasar frío para estar en forma en invierno. Simplemente nada en la piscina cubierta más cercana y podrás disfrutar de una sesión de ejercicios en agua cálida y relajante.

9. ¡Puede salvarte la vida!

10. La destreza que adquieres con la natación te abre la puerta para practicar un sinfín de emocionantes deportes acuáticos como el surf, el buceo y el esquí acuático.

11. Es divertido para toda la familia, pueden participar desde bebés hasta personas mayores. La natación es una actividad social para todos los grupos de edad.

12. Puedes nadar en cualquier lugar donde haya una piscina, en el mar o un lago, por lo que es una estupenda manera de mantenerse en forma durante tus vacaciones.

13. Es un entrenamiento integral y completo para tu cuerpo.

14. Puedes focalizarte en zonas problemáticas con entrenamientos y técnicas específicas como pullbuoys (ejercicio ideal para trabajar los brazos) y trabajo con tabla (ideal para trabajar las piernas).

15. Es perfecto para mantener una buena condición física durante el embarazo y recuperar la forma tras el nacimiento.

Así que ahora ya lo sabes incursiona en el bello deporte de la natación, es ideal para todas las edades, desde bebés hasta adultos mayores.

Busca tu alberca preferida y empieza a practicar la natación. La natación es un estilo de vida.

**"La gente más feliz
no es la que tiene lo mejor de todo,
sino la que hace lo mejor con lo que tiene"**

Cero Ahogamientos

**"El mundo es un lugar peligroso,
no a causa de aquellos que hacen el mal,
sino por aquellos que no hacen nada por evitarlo"**
Albert Einstein.

El ahogamiento es un tema recurrente en los últimos años, lo hemos abordado en nuestras Clínicas de Natación. Dos ameritados maestros Robert Strauss (Swim Gym, Miami) y Mónica Anzueto (El Delfín de Chiapas) han documentado este problema y han expuesto como prevenirlo y evitarlo.

La Organización de las Naciones Unidas (ONU) en su Asamblea General del 28 de abril del 2021 estableció el Día Mundial de la Prevención del ahogamiento" para el 25 de julio.

Insta a todos los países a tomar acciones para prevenir ahogamientos, los cuales han causado más de 2.5 millones de muertes en la pasada década, más del 90% de ellos en países con bajo y mediano ingreso.

La mayoría de los niños (más del 85%) que se ahogan en las albercas tienen entre 1 y cuatro años. Los niños de hasta 4 años tienen una probabilidad de ahogarse dos o tres veces mayor que los niños de otros grupos. Después de los defectos de nacimiento, el ahogamiento es la causa número 1 de muertes entre los niños menores de 5 años de edad.

La Asamblea General de la ONU hace hincapié, en que los ahogamientos "son prevenibles", usando "intervenciones de bajo costo" y llama a todos los países a considerar introducir la seguridad acuática, la natación y las clases de primeros auxilios como parte de los planes de estudios.

Robert Strauss en una de sus exposiciones dijo:

"La educación en el Siglo XXI tiene que utilizar la natación como un vehículo de enriquecimiento de estimulación temprana, antes que la lectura, escritura y la aritmética".

Rafael Belmonte Olivares

Cuando nuestras autoridades gubernamentales y educativas tengan esta comprensión entonces los ahogamientos dejarán de ser una estadística importante.

La ONU motiva a las naciones en considerar "un punto focal en la prevención de ahogamientos" desarrollar programas de prevención en todo el país, promulgar y hacer cumplir las leyes de seguridad acuática.

El ahogamiento es silencioso, se presenta en todos los estratos socioeconómicos.

En muchos países los ahogamientos son la principal causa de muerte en niños menores de 5 años.

La seguridad en el agua es importante a cualquier edad, pero especialmente en los niños pequeños.

La prevención del ahogamiento debiera ser el primer programa en todas las escuelas de natación.

Los padres de familia deberán quitarse expectativas de ¿en qué tiempo aprenderá a nadar su bebé o niño? y cambiar su prioridad por la autosuficiencia del niño o joven en el agua.

Muchos ahogamientos no tienen lugar solo en las albercas, cualquier cuerpo de agua puede ser un lugar para este fatídico incidente, se ha visto que mucho de estos accidentes tiene lugar en momentos no dedicados a nadar.

Las estadísticas arrojan que el 80% de los ahogamientos tienen lugar en el entorno familiar.

Muchos niños, con su natural característica de curiosidad, hiperactividad y de ansiedad, se sienten atraídos por el agua. Esta es un elemento de gran atracción para los bebés y niños, pero no entienden que el agua puede ser peligrosa.

Aunque debemos decir que los ahogamientos no solo ocurren en los bebés y en los niños, es alta la cifra de este tipo de accidentes en jóvenes y personas mayores.

La falta de prevención, de educación acuática, de normas de seguridad y otros factores son causa importante de los ahogamientos.

En sus Marcas...

Es fundamental protegerlos dándoles las herramientas de prevención y seguridad. Las clases de natación son el primer paso en la prevención, pero además hay que añadir otras medidas también de gran importancia.

Estas normas no solo deben aplicarse en el agua, sino también en todo el entorno de los cuerpos de agua.

La supervisión es primordial para evitar estos accidentes.

Las autoridades, y no solo las deportivas, deben abocarse a promover este programa de **Cero Ahogamientos.**

Es una responsabilidad de todos, Padres, instructores, maestros y autoridades.

Las escuelas de natación deben capacitar y actualizar no solo a sus instructores y maestros, también primeramente a los padres de familia. Enséñales que sus bebés y niños pueden hacer descubrimientos en el agua, enseñarles no solo lo que pueden hacer, sino también lo que no pueden hacer.

La Prevención y Seguridad deben ser programas prioritarios.

No olvidemos que prevenir el ahogamiento es tarea de todos.

> **"La prevención de accidentes no debe ser considerada como una cuestión de legislacion, sino como un deber ante los seres humanos"**
> Werner Von Siemens

Rafael Belmonte Olivares

Los Beneficios de la Natación en los Bebés

Una de las preguntas recurrentes es ¿Cuál es el beneficio que reciben los bebés con la práctica de la natación?

Las escuelas modernas de natación no tienen como principal objetivo el "enseñar a nadar" a los bebés, los objetivos que se trazan van más allá de lo instruccional, apuntan a los beneficios mayores que los bebés reciben con su contacto con el agua.

Los expertos y los investigadores coinciden en señalar los siguientes beneficios de la práctica de la actividad acuática en los bebés.

Natación Para Bebés, Un Estímulo Positivo.

La natación es un deporte completo y sano y aunque parezca que es exclusivo de jóvenes y adultos, en realidad tiene muchas ventajas para los más pequeños del hogar. Por esta razón aquí se señalarán algunos de sus puntos favorables.

Un Sistema Cardio Respiratorio Más Fuerte.

Se ha demostrado que las clases de natación son favorables para que el bebé crezca con el corazón y los pulmones más fuertes. Gracias a los ejercicios respiratorios que hacen en el agua, su oxigenación y traslado de la sangre es mucho más eficiente.

Coeficiente Intelectual.

Los bebés que han practicado natación en los tres primeros años de vida desarrollan una mayor percepción del mundo que los rodea, lo que les ayudará a ser más creativos y observadores. El agua estimula la capacidad de juego del niño, hecho que repercutirá muy positivamente en futuros aprendizajes.

Desarrollo Psicomotor.

En este caso, hace una mejora de la coordinación motriz, puesto que el agua proporciona al niño una mayor libertad y continuidad de movimientos. Gracias a esta actividad, ellos aprenden conceptos básicos de desplazamiento y distancia a una temprana edad.

Socialización.

El espacio propicia un ambiente lúdico y recreativo donde se desarrollan como personas con el entorno de una forma natural. El niño tendrá más confianza al comunicarse y desarrollarse en grupo, ya que estará en constante contacto con instructores y niños.

Seguridad.

La convivencia en la piscina con otros bebés será muy útil a la hora adquirir una mayor seguridad e independencia, además de que en medida que vaya dominando la relación de su cuerpo con el agua, será habitual en su vida y mientras más se suelte en la piscina estará más seguro.

Sistema Inmunológico.

Esta actividad ayuda al sistema que combate las enfermedades de carácter infeccioso. Asimismo, el agua tiene muchas propiedades como relajantes y anti estresante, lo que lleva al niño a liberar el estrés y la tensión nerviosa que acumule".

(Fuente: www.el popular.mx)

Esas, entre otras, son las razones principales por las cuales se recomienda iniciar a los bebés en la práctica de las actividades acuáticas.

Pero, al iniciar a su bebé en la natación tome note de las siguientes recomendaciones, muy importantes, en la toma de decisiones:

1. A qué escuela lo va llevar. No todas las escuelas están preparadas para desarrollar esta actividad tan delicada e importante.

2. Fíjese bien que los maestros de bebés sean especialistas de esta actividad. No cualquier maestro o instructor de natación puede conducir a los bebés en la actividad. Se requiere capacitación y especialización.

La próxima vez que decida llevar a su bebé a la natación escoja la mejor opción

Los Beneficios de la Natación en los Adultos Mayores

"Envejecer disfrutando es una mejor alternativa que morir jóven"

La investigadora Patricia Florín nos comparte los resultados de sus estudios e investigaciones acerca de los resultados que trae el practicar la natación en la llamada tercera edad o también adultos mayores, para todos aquellos que llegaron a la edad de la jubilación.

"Las personas mayores deben hacer ejercicio físico para mantenerse en forma y recuperar la agilidad. Uno de los ejercicios físicos más recomendados para los mayores de 50 años es la natación, ya que es un deporte que tiene grandes beneficios con muy pocos riesgos".

Además, se puede practicar en cualquier época del año, en las albercas al aire libre o techadas.

Entre los principales beneficios del nadar tenemos:

- Se tonifica la musculatura sin dañar las articulaciones.
- Aumenta la flexibilidad.
- Se alivian dolores e inflamaciones.
- Mejora la salud de los huesos.
- Es aconsejable en caso de lesiones de espalda y cervicales, ligamentos, articulaciones y tendones.
- También los deportistas pueden practicar natación para recuperarse de sus lesiones.
- Ayuda a aprender a respirar con un ritmo regular.
- Mejora los síntomas del asma.
- Como todos los deportes aeróbicos, fortalece el corazón, regula la presión arterial, y por lo tanto, reduce el riesgo cardiaco.
- También le ayudará si está siguiendo una dieta de adelgazamiento, perderá grasa mientras aumenta su masa muscular.

- Además, la natación es un poderoso des estresante que le hará sentir más joven y retrasará la demencia senil.

- Un tema importante es la sociabilización que la natación permite entre las personas de las mismas condiciones, necesidades y propósitos.

Si le aburre ir a nadar solo puede apuntarse a un grupo de natación que hará la práctica de este deporte más divertida y conocerá a nuevos amigos.

Se recomienda nadar o caminar en el agua un mínimo de dos veces a la semana, media hora cada vez. Es mejor comenzar de menos a más. No sirve de nada que un día se pase la tarde nadando y termine agotado si eso va a hacer que tarde varios días en volver a la alberca.

Si no sabe nadar no se preocupe, puede utilizar ayudas para flotar: tablas, popotes, flotadores o pelotas o si lo prefiere puede caminar en la alberca y aprovechar el tiempo para socializar.

Puede empezar caminando en la alberca. De frente, de espalda, de lado, con elevación de rodillas, lanzando las piernas al frente, movimientos estacionarios, etc.

Después haga lo mismo con los brazos, adelante uno con un movimiento giratorio y después el otro. No se preocupe en avanzar, antes debe practicar bien los movimientos.

No se olvide de las lentes para el agua (gogles) para que no le molesten los salpicones en los ojos.

Abríguese bien al salir del agua con una toalla o sudadera y utilice sandalias para acceder a las duchas y evitará caídas.

Muchos de los pequeños problemas de salud que se empiezan a sentir a partir de los 50 años son debidos a un estilo de vida sedentario. Se pueden mitigar o, incluso, pueden desaparecer por completo con la práctica regular de la natación.

En sus Marcas...

¡Anímese a probar! Es un deporte que puede practicar en solitario o en compañía de amigos o de sus nietos.

Puede disfrutarlo en una alberca cercana a su domicilio o durante un fin de semana en la playa o en unos baños termales".
Dice nuestro amigo Robert Strauss:

"¿Por qué volar si puedes nadar?

Dice la máxima:

**"Envejece, pero núnca te conviertas
en un viejo"**

Recuerde nadar es un estilo de vida. Nade por su salud.

Rafael Belmonte Olivares

El Envejecimiento y el Deporte

"La innovación es lo que distingue a un líder de los demás"
Steve Jobs.

Hace unos días recibí una invitación para participar en la Conferencia "Tendencias contemporáneas y el papel de la tecnología" impartida por la empresa CISE del Ing. Raúl Belmonte.

Dentro de las 7 principales tendencias de estos tiempos me llamó la atención una, **EL ENVEJECIMIENTO.**

De acuerdo a los últimos datos del INEGI en México existe una marcada tendencia a ser en los próximos años un país con mayor número de personas mayores que de jóvenes.

Estamos creciendo de una manera exponencial en las edades adultas, por ahora casi igual al grupo de niños y jóvenes.

Este es un problema que ya se ha presentado en algunos países de Europa y otros como Japón. Hay una gran cantidad de adultos mayores. La población está envejeciendo y ya son casi mayoría.

Por supuesto que esto es un problema para los servicios sanitarios, de prestaciones sociales, de pensiones, laborales, etc. que ya se están viendo rebasados por la realidad.

Hace muchos años un líder sindical universitario nos dijo que el Proyecto de Pensionados y Jubilados se había diseñado para que los beneficiarios de esta prestación duraran cuando más 10 años retirados.

Pero muchos factores han contribuido para alargar la vida de los adultos mayores, una mejor calidad de vida, mejores servicios de salud, más actividad física, menos stress, etc.

En sus Marcas...

Recuerdo la frase de Charles Darwin:

**"Las especies que sobreviven
no son las más fuertes o las más rápidas,
ni las más inteligentes,
sino aquella que se adaptan
mejor a los cambios"**

Por lo tanto, debemos prepararnos para esta realidad del país.

En lo que a nosotros corresponde, los que estamos en el deporte, la educación y la actividad física, debemos ofrecer una mayor y mejor variedad de programas de activación física y deporte dedicados a los adultos mayores.

Algunos deportes como la natación permiten a los adultos mayores realizar la actividad con seguridad, poco riesgo de lesiones, ayudar a mejorar sus sistemas musculo- esquelético, nervioso, respiratorio, en general en todo nuestro cuerpo humano.

Pero, además, el deporte, y en especial la natación ayuda a eliminar el stress de los adultos, a mejorar su estado emocional, afectivo, a tener una actividad social.

Los programas de las escuelas y clubes de natación, que desde 1990, cuando las Maestras Lulú Cisneros y Beatriz Esesarte iniciaron la enseñanza y actividad desde edades tempranas, desde bebés, han tenido que ir cambiando y ser más inclusivos y ahora dedicamos más tiempo, espacio y recursos a las personas de mayor edad.

La demanda de actividad de los adultos ha aumentado en gran manera, así que ahora es común ver en las sesiones matinales y nocturnas a muchas personas de edad adulta.

Ellas quieren tener una actividad física que les haga sentir mejor cada día.

Es por esos que todas las escuelas deben estar capacitadas y preparadas para recibir y atender a nuestros adultos mayores. No hay límite de edad, todos pueden recibir los beneficios de la natación, y de cualquier otro deporte, adaptado a sus necesidades personales.

Dijo Bill Gates:

**"El secreto del éxito en los negocios
está en detectar hacia donde
va el mundo y llegar allí primero"**

Así que ya sabemos cuál es la tendencia de los próximos años referente al acelerado **Envejecimiento** de la población de nuestro país, debemos estar preparados para dar un mejor servicio a esta gran comunidad.

En sus Marcas...

Los Beneficios de la Natación en el Invierno

¿Sabías que practicar natación en invierno tiene una serie de beneficios extraordinarios?

Ya sabíamos que la natación es uno de los deportes más completos que podemos realizar durante todo el año, pero descubrimos que practicar este deporte durante el invierno nos reporta una serie de beneficios extras.

Los niños que nadan durante el invierno mantienen la continuidad y aumentan sus habilidades puesto que practican cada semana. Pero lo más importante es que los niños que nadan durante todo el año tienden a ser más saludables que los niños que no lo hacen.

Esto se debe a la respiración profunda que se realiza al practicar la natación misma que ayuda a mantener los pulmones limpios del moco que se puede acumular, lo cual reduce la posibilidad de problemas respiratorios.

De hecho, la natación es uno de los ejercicios más recomendados para los asmáticos debido al ambiente húmedo y cálido que mantenemos en nuestra piscina techada.

El tipo de respiración profunda que se produce en la natación ayuda a bombear el líquido cefalorraquídeo a través del cuerpo, ayudándolo a mantener un alto consumo de oxígeno en el cerebro y en la sangre.

Lógicamente el estrés afecta al sistema inmunológico. Amor, risa, y sesenta minutos de natación en un ambiente de agua caliente son una válvula de alivio para cualquier persona.

Los pediatras nos indican algunos de los muchos beneficios de la natación en invierno.

Rafael Belmonte Olivares

"La natación en la infancia beneficia la salud del niño fortaleciendo su sistema cardio respiratorio, psicomotor e inmunitario".

Usar la alberca en invierno, nos permite realizar un deporte en un medio tan divertido para los niños como es el agua, cuando en el exterior hace frío.

Con la práctica de este deporte conseguimos aumentar el sistema inmunológico, intentando evitar los posibles resfriados del invierno.

Además, los más pequeños que en medio terrestre tienen mayores dificultades para el movimiento, pueden seguir con su motricidad dentro del agua durante todo el invierno sin necesidad de interrumpir la actividad".

Como se puede ver son muchos los beneficios demostrados de la natación especialmente en invierno, pero quien de verdad les va a agradecer que te tires a la alberca va a ser tu peque, quien además de sentirse relajado va a dormir como un "bebé."

No lo dudes y si puedes, haz deporte, la natación, en invierno, es muy recomendable.

Capítulo 3

Los Nadadores

Las Características de Los Campeones según Bob Bowman

Bob Bowman, es el Entrenador de Michael Phelps y Allison Schmitt

Bowman dice:

"En el máximo nivel casi todos los atletas tienen características físicas similares. Lo que marca la diferencia es lo que tienen en la mente y en el corazón. Los grandes campeones tienen las metas muy claras y saben los pasos que tienen que seguir para conseguirlas. Todos tienen un plan.

Lo que se ve en la televisión sobre los campeones es solo la etapa del éxito. Nunca se muestra el proceso completo de altos y bajos por los que pasa un gran atleta. Cuando se rompe un récord o se sube al podio en una competencia importante, nadie puede adivinar la serie de fracasos que ocurren en el día a día durante el entrenamiento. El proceso es largo y muy difícil para todos. El éxito es lograr resultados predecibles en un ambiente totalmente impredecible.

El proceso es siempre más importante que el resultado. Los grandes campeones ensayan el éxito todos los días; mentalmente, físicamente y emocionalmente. El resultado final depende de los demás, el proceso depende del atleta y de su capacidad para sobreponerse a cualquier problema. Es como decía un gran entrenador de un deporte colectivo: 'No mires el marcador, ejecuta la siguiente jugada'. En el caso de la natación esto es pensar en la salida, en la flecha, en la siguiente brazada, en la próxima vuelta o en el toque.

Rafael Belmonte Olivares

Los campeones tienen grandes sueños. Es ahí donde comienza todo y continúa con la pasión que desarrollan para perseguir ese sueño. Los grandes superan los obstáculos, caminan sobre los momentos difíciles y continúan hacia resultados espectaculares durante toda su carrera.

Los sueños pueden no ser específicos, pueden ser generales, casi como una corazonada que se lleva dentro. Los sueños solo dibujan el bosque y luego se comienza a buscar cada árbol como un objetivo. Esto es lo que hace que nos levantemos cada día y tomemos las decisiones correctas.

A los 12 años, los compañeros de Phelps estaban hablando de sus metas con su entrenador y Michael escuchó que algunos querían participar en los Juegos Olímpicos. Inmediatamente dijo, yo también quiero ir a una Olimpiada. A los 15 años su meta era cambiar el deporte de la natación para siempre porque ya había asistido a sus primeros Juegos Olímpicos.

A los 21 en una conversación con su madre, su representante y su entrenador, hablaban de la presión personal y mediática que conllevaría nadar todas las pruebas que tenía planificadas para Beijing 2008 y de las grandes expectativas que se crearían a su alrededor. Ante la pregunta sobre si prefería ir con un perfil más bajo a esos Juegos Olímpicos, Michael respondió: "Yo quiero ser el mejor de todos los tiempos".

De hecho, la Natación ha cambiado y se ha hecho un deporte mucho más conocido gracias a los sueños de un niño que tenía claro lo que quería en cada etapa de su carrera deportiva.

Tan importante como tener un sueño es tener un plan para conseguirlo.

En esa parte es donde comienza el trabajo del entrenador. En el caso de Phelps, muchas veces se planificaba con una antelación de 8 a 10 años, sin dejar de definir metas a corto plazo. La planificación es tan detallada que se define lo que se va a hacer durante cada día por un período de 1 año o 6 meses. Por supuesto puede haber imprevistos, enfermedades o suceder que el atleta no cumpla su parte y entonces hay que cambiar.

En sus Marcas...

El entrenador debe ser como un GPS. Es esa voz molesta que dice constantemente: dobla a la derecha; o en términos deportivos: aliméntate bien, descansa, aprovecha el gimnasio, patea o mejora la técnica. Algunas veces el atleta lo hace y las cosas marchan según lo planificado. Muchas veces el atleta no sigue todas las instrucciones y el GPS tiene que recalcular el camino y mostrar una nueva ruta hacia el destino.

A finales de 2007, unos meses antes de los Juegos Olimpicos de Beijing 2008 Phelps se fracturó una mano. Su estado de ánimo era catastrófico y decía que por culpa de eso iba a dejar de ganar 3 medallas. Los médicos le comentaron que tendría que estar fuera 6 semanas con un yeso. Pero eso no era una opción. La otra alternativa era operarlo, colocar un pasador y esperar 10 días a que sanara la sutura. Durante esos días desarrolló un gran odio por la bicicleta estática porque tenía que realizar sesiones de 3 horas. Además. utilizó una bolsa plástica para sellar su mano y poder patear en el agua durante 7 días. 2 semanas más tarde estaba entrenando normalmente.

El entrenamiento no es más que enseñar a los nadadores a tener los mejores resultados en las peores condiciones posibles. En algunas ocasiones se hacía nadar a los atletas jóvenes con los lentes rotos para que practicaran como sería nadar con los ojos llenos de agua sin poder ver nada. En los 200 Mariposa de Beijing los lentes de Michael se llenaron de agua y terminó sin muchos problemas contando sus brazadas.

El entrenamiento no es más que el proceso diario de construir confianza para que el atleta logre visualizarse como lo que quiere llegar a ser".

**"Para ser un gran campeón, visualizar el éxito
es el factor clave de todo el repertorio"**

Rafael Belmonte Olivares

Disciplina, Compromiso y Pasión

Alguien nos preguntaba ¿por qué no tenemos muchos nadadores a nivel mundial?

Hoy quiero comentarles acerca de tres factores muy importante que se requieren para llegar al alto nivel competitivo.

La falta de los tres o de alguno de ellos hace que nuestros deportistas se queden en el camino.

Disciplina.

"La distancia entre un sueño y la realidad se llama disciplina"

La disciplina es el conjunto de normas, reglas y procedimientos que se requieren para conducirnos a cierto resultado, propósito o meta.

La disciplina nos ayuda a desarrollar nuestras habilidades o capacidades en busca de un mejor desempeño.

La disciplina es la que nos lleva a levantarnos a las 5 de la mañana para entrenar, a no faltar al entrenamiento pesar de las circunstancias. A coordinar las actividades escolares con el deporte sin menoscabo de ninguna de ellas.

Nos ayuda a formar hábitos de trabajo, de puntualidad, participación. Nos forma para acatar las cargas de los entrenamientos.

La disciplina no siempre es de nuestro agrado, pero hay que acatarla. Bien dice la Escritura: "…ninguna disciplina… parece ser causa de gozo sino de tristeza; pero después da fruto…a los que en ella han sido ejercitados".

A veces el deportista no entiende la razón por la cual ha de trabajar tan fuerte pero al final cuando compite puede ver los resultados de su esfuerzo.

"No todo el mundo que trabaja ha tenido éxito, pero todo el que ha tenido éxito ha trabajado duro"

No habrá resultados sin disciplina. Hay que recordar que todo el progreso se lleva a cabo fuera de la zona de confort, lejos de la comodidad.

Compromiso.

Se refiere a la obligación que se contrae para realizar una tarea.

Cuando nosotros contraemos un compromiso estamos dando nuestra palabra de que vamos a cumplir hasta el final.

Cuando el deportista se compromete a entrenar y a competir debe llevar su obligación hasta el final.

Un deportista sin compromiso muchas veces abandona el barco, es inconsistente, no es congruente entre lo que quiere alcanzar y lo que hace.

El compromiso del deportista es con él mismo, con su entrenador, con su institución, con sus padres, con la sociedad en general.

Cuando el compromiso es personal es más efectivo que cuando es impuesto.

El compromiso le hace llevar su preparación al máximo de eficiencia.

Escuchaba a Bob Bowman decir de Michael Phelps que este entrenaba aún el 31 de diciembre, cuando muchos ya estaban de vacaciones, él se presentaba a entrenar.

Era congruente entre lo que quería y lo que hacía. No en balde es el mejor deportista de la historia olímpica.

Cuando un deportista no tiene un compromiso con su deporte cualquier motivo o circunstancia lo va a hacer fallar o caer.

Se necesitan deportistas comprometidos que se obliguen a dar el máximo en la tarea que pretenden.

Rafael Belmonte Olivares

**"No hay meta inalcanzable,
solo gente que se cansa a la mitad del camino"**

Pasión.

Si no amas lo que haces no lo disfrutaras.
Un deportista debe amar todo lo que hace en su deporte. Entrenar, competir, convivir, etc
Un deportista con pasión siempre será positivo. Verá el lado amable, alegre, bueno de su preparación.
Disfruta todo lo que hace. Eso le hace la carga del entrenamiento más llevadera.
Un deportista apasionado es el ideal del entrenador.
Siempre dispuesto al sacrificio de su comodidad en aras de obtener lo que quiere, lo que le gusta, "aprende a bailar bajo la lluvia". Nunca se da por vencido, nunca deja de soñar.

**"Si no luchas por lo que amas,
entonces no llores por lo que pierdes"**

Por eso el ideal de todo entrenador es tener deportistas:

Disciplinados, comprometidos y con pasión.

En sus Marcas...

La Correlación entre el Deporte y los Estudios

Hace unos días estaba viendo una película (Juego de Honor) cuya trama se desarrolla en la batalla que el entrenador (basquetbol) tiene con sus jugadores, los padres de familia, las autoridades educativas y el público en general.

El entrenador impone un código entre sus deportistas en el cual establece que ningún deportista podrá entrenar o jugar si no mantiene un adecuado nivel académico.

Este principio está establecido en el deporte americano y en otros países.
Nadie podrá entrenar y mucho menos jugar si no mantiene cierto nivel escolar.
Como consecuencia de esta normatividad los deportistas cuando logran mantener una buena correlación entre el estudio y el deporte, logran apoyos económicos para financiar sus estudios (becas) y llevar adelante su carrera deportiva y cuando finaliza su carrera deportiva tienen los instrumentos para desempeñarse profesionalmente en alguna área laboral.

Todo esto viene a mi mente porque en nuestro país después de tantos años nuestros deportistas no tienen el apoyo, tanto escolar como económico, para lograr tener éxito en ambos aspectos.
El sistema educativo mexicano, con toda y "Reforma", no ha logrado establecer un apoyo a nuestros deportistas destacados.
El sistema gubernamental ha preferido apoyar a los "ninis" que a nuestros deportistas.

A través de los años hemos visto a muchos, muchísimos deportistas tener que abandonar su carrera deportiva por falta de apoyo.

Y no me refiero solo al aspecto económico, el cual es vital, sino también en el aspecto académico.

Un deportista de nuestros tiempos, dependiendo de su nivel, tiene que dedicar de 2 a 8 horas diarias de entrenamiento y además realizar las tareas escolares.

Por supuesto que esto no es fácil.

Muchos han tenido que abandonar la práctica de su deporte debido a la presión de los padres de familia que exigen al joven el salir adelante en la escuela.

Ningún padre desea tener un hijo/a campeón que sea reprobado en su escuela.

Es allí donde se libra una contienda entre los anhelos del atleta, las metas de los entrenadores, los propósitos de los padres y de las exigencias del sistema educativo.

Hasta ahora nuestro sistema de gobierno y educativo no ha logrado compaginar, satisfacer ambos propósitos, el escolar y el deportivo.

Se da el caso de las instituciones universitarias privadas que aisladamente ofrecen incentivos a los atletas destacados. Pero estos son casos aislados y no la norma.

Nuestro sistema educativo de nivel media superior y superior no tiene establecido en su presupuesto ni en su programa escolar apoyos a los deportistas.

Solo a nivel nacional, la CONADE apoya a un grupo selecto de deportistas en su formación escolar.

Nuestros maestros no están formados ni capacitados para apoyar a los deportistas que están en los programas de Talentos, Desarrollo y Alto Nivel.

Es por eso que el nivel de nuestro deporte universitario no ha alcanzado de manera general desarrollar el Alto Rendimiento.

En sus Marcas...

Por eso muchos deportistas mexicanos que desean llegar a niveles internacionales deben emigrar a otros países, generalmente a los Estados Unidos y Canadá, donde si son apoyados para realizarse en los niveles deportivos y educativos.

¿Qué debe hacerse para compaginar la práctica del deporte organizado y el estudio?

¿Cuál debe ser la prioridad? ¿La escuela? ¿El deporte? ¿Ambos?

Rafael Belmonte Olivares

¿Por qué se retiran los Deportistas a Temprana Edad?
(Primera Parte)

El célebre boxeador Mike Tyson decía:

"Mientras perseveremos y resistamos, podemos lograr todo lo que queramos"

Una de los interrogantes que se hacen muchas personas, padres, entrenadores y medios deportivos es ¿por qué se retiran los deportistas a temprana edad?

Muchas veces vemos a niños y jóvenes que destacan desde sus primeras competencias, tienen resultados por arriba del promedio, y se vislumbran como grandes talentos deportivos.

Muchos logran trascender del nivel municipal, estatal e incluso nacional.

Son grandes valores en edades tempranas.

Así vemos campeones nacionales, incluso internacionales, en categorías infantiles y juveniles.

Pero cuando esperamos que den el gran salto a las categorías juveniles mayores y primera fuerza ya no logran los mismos resultados que cuando eran niños.

Nuestro país durante muchos años ha sido el gran campeón de los eventos internacionales como los Campeonatos Centroamericanos y Centro América y México. Se logran triunfos y hasta records.

Pero cuando transcienden de ese nivel los resultados son casi nulos.

Por lo general el nivel de nuestros nadadores está ubicado en los Juegos Centroamericanos, donde tenemos triunfos individuales y por equipo. Cuando ascendemos a nivel Panamericano nuestra meta son obtener medallas, pero ya está muy lejana la posibilidad de ganar.

Y cuando seguimos ascendiendo a eventos mundiales es casi un gran logro llegar a finales y nunca hemos tenido un campeón, bueno ni medallistas en los Mundiales juveniles.

¿Por qué no logramos culminar ese proceso de formación que nos hacía tener grandes esperanzas?

Bueno, aquí trataré de esbozar algunas de las principales razones por las cuales nuestros niños y jóvenes se retiran a temprana edad del deporte.

1. Entrenamiento Excesivo.

Esta es una de las principales razones por las cuales los deportistas se retiran pronto.

Cuando el entrenador, muchas veces presionado por los padres, les aplica entrenamientos intensos en las edades tempranas, el nadador pronto se cansa, se fastidia y empieza a faltar a los entrenamientos y luego deserta.

El no respetar los procesos de formación y preparación en edades tempranas es una falta a la individualidad del niño.
Cargas excesivas en los niños pueden provocar lesiones, sobre entrenamiento, cansancio, temor, presión y otras consecuencias que llevan a desertar a los pequeños.

Es muy difícil mantener entrenamientos rigurosos desde edades menores e infantiles y llevarlos hasta la etapa de su maduración deportiva.

Muy pocos resisten de 10 a 15 años de entrenamiento intenso. Actualmente vemos que el nadador mexicano logra sus mejores resultados después de los 20 años. Claro, tenemos unas cuantas excepciones.

2. Entrenadores y Padres de Alta Presión.

Hemos visto a muchos entrenadores y padres que cuando ven que su hijo es un talento deportivo empiezan a presionar a sus hijos para que siga entrenando y logrando triunfos.

El Dr. James Counsilman, en su histórico libro "La Ciencia de la Natación" les llama a estos personajes "Entrenadores y Padres de alta presión".

El Dr. Counsilman decía que cuando el niño obtiene triunfos recibe palmadas, abrazos, sonrisas y premios, pero cuando empieza a perder recibe entonces reproches, palabras duras, poco afecto y hasta alejamiento.

Así el niño percibe que cuando triunfa todo será positivo, pero cuando pierda recibirá una presión negativa. Todo ello hace que para evitar esta disyuntiva cuando pueda se alejará de las actividades deportivas.

3. Falta De Motivación.

A menudo vemos que cuando el pequeño empieza a tener logros deportivos, los padres, los entrenadores y aún los medios de difusión les recompensan con premios como si hubieran alcanzado un triunfo de alto nivel. El niño se acostumbra a recibir recompensas mayores a temprana edad. Así cuando va creciendo como ya recibió muchos premios ya no tiene el deseo de aspirar a más. Siente que ya no hay nada por conquistar y pierde motivación.

Cuando el pequeño se ve "forzado" a entrenar y a competir por los deseos de sus padres o entrenadores lo hará mientras no tenga edad de decisión, cuando él pueda decidir dejará el deporte si este no es su principal interés.

Los entrenadores aman a los atletas auto motivados, pero desafortunadamente estos son muy pocos. De hecho, la mayoría tienen una motivación externa.

Por eso los psicólogos deportivos dicen que la motivación que mantendrá al niño y al joven en la práctica deportiva es la de él mismo, lo que llaman la motivación interior. Se ha comprobado que la motivación externa es efímera y de poca duración.

Estas son las principales razones por la cuales hay gran deserción de deportistas en sus primeros años. Hay otras causas importantes como el problema cuando llegan a los estudios de niveles superiores, la falta de apoyo tanto de los padres, como de los clubes, asociaciones deportivas y entes de gobierno, la falta de administración del tiempo, etc.

"A la cima no se llega superando a los demás, sino superándose a sí mismo"

Rafael Belmonte Olivares

¿Por qué se retiran los Deportistas a Temprana Edad?
(2da. Parte)

"Un hombre sabio es aquel que aprende algo de cada persona"
Alejandro Jodorowsky

Hoy quiero seguir comentando este tema tan importante y que nos preocupa tanto a los propios deportistas, a los entrenadores, los padres de familia y a los dirigentes deportivos.

Muchos se preguntan ¿por qué un deportista que ha mostrado cualidades y resultados sobresalientes en alguna disciplina de pronto manifiesta su deseo de abandonar su carrera en las primeras etapas de su carrera, cuando aún tiene mucho camino que recorrer.

Comentando con muchos colegas entrenadores, con padres de familia y leyendo a los expertos he encontrado algunos puntos que quiero compartirles para su análisis y comentario.

Entre los principales aspectos determinantes que causan el retiro del deportista a temprana edad, además de los puntos comentados en anterior colaboración, están los siguientes:

1. Dejan de disfrutar lo que hacen en las canchas y albercas.

El deportista de pronto se encuentra haciendo sus rutinas y competencia más por obligación con su club, sus padres o su entrenador. Ya no disfruta de la actividad. Pierde la pasión por su deporte, su actividad deportiva ya no les genera placer, ya no disfrutan lo que hacen.

Los tiempos que se manejan en el deporte son muy diferentes a los niños y jóvenes "normales", a los que tienen otro tipo de vida. Llega un momento en que el atleta desea ser un niño o joven con actividades y pasatiempos igual que sus compañeros de escuelas o barrio.

2. El deportista prefiere priorizar su tiempo y esfuerzo en otras actividades más placentera y menos estresantes.

Deciden dedicar su tiempo a otras actividades personales como el estudiar, pasar más tiempo con sus amigos, la familia, descansar, usar más placenteramente su tiempo.

El deporte es sumamente demandante, exigente y si a eso le sumamos padres y entrenadores de "alta presión" en la primera oportunidad que ellos puedan decidir dan un paso al costado.

Encuentran más placer en otras actividades que el deporte, entrenamiento y competencia les privó. Se dedican a actividades artísticas, culturales, pasatiempos, etc.

3. Otra razón muy importante es la saturación mental del deportista a temprana edad.

Los entrenadores y los padres han exigido tanto al deportista, le han llenado de actividades de entrenamiento y competencias que no le han dejado tiempo para disfrutar de su niñez y/o adolescencia.

Por eso "cansados del camino, muertos de tedio" pronto abandonan.

Es una de las razones por las que los entrenadores deben respetar los procesos de formación de los niños y jóvenes. Cargas excesivas de entrenamiento no solo les afectan en lo físico, sino también en lo emocional, en lo mental. La saturación a temprana edad afecta sobremanera a los deportistas.

4. Otro factor importante son las constantes lesiones.

Muchas veces el sobre entrenamiento en edades tempranas provoca lesiones en músculos y articulaciones de las cuales difícilmente se recuperan.

En esas ocasiones el entrenamiento se convierte el dolor y molestia y dejan de disfrutar su trabajo.

Conocemos casos de muchos deportistas que muy jóvenes se lesionan y por falta de cuidados y respeto a su recuperación no vuelven a ser los mismos. De ahí la importancia de cuidar no poner cargas excesivas de trabajo en los niños y jóvenes.

5. La falta de apoyo

El deporte cuando deja de ser instruccional y pasa a la etapa competitiva conforme va ascendiendo en los niveles de desempeño se va volviendo más demandante.

Primero durante el entrenamiento los implementos de su deporte se van requiriendo más sofisticados y por lo tanto de mayor costo. Además del pago de su preparación en escuelas y clubes.

Luego en la etapa competitiva se incrementan los costos de viajes, uniformes, pago de pruebas, arbitrajes, etc.

Cuando un deportista va pasando de las etapas iniciales a mayores niveles empieza a requerir el apoyo de un equipo multidisciplinario, médico, nutriólogo, psicólogo, terapeuta, acondicionador físico, promotor, etc.

Todo esto, cuando no tiene el deportista apoyo de las dependencias escolares, deportivas o gubernamentales se vuelve insostenible a grado tal que muchos tiran la toalla por los altos costos de preparación y participación deportiva.

Vemos como el gobierno y sus instancias deportivas solo apoyan al deportista cuando ya llegó a la cumbre, cuando ya logró el éxito, es entonces cuando les otorgan becas y estímulos, y a veces todavía se los regatean. Mientras, durante todo el camino, el financiamiento corre por cuenta de los padres y ellos mismos, y pocos resisten este tren de costos.

Es por eso que mejor deciden dedicarse a otra actividad menos demandante.

Resumiendo, debemos tomar nota de todo lo anterior comentado con el fin de prevenir el retiro a temprana edad de nuestros deportistas.

En sus Marcas...

Tenemos casos de brillantes atletas en edad madura, ellos fueron respetados en su proceso formativo, por eso logran tener una larga vida deportiva.

Cuando un atleta se retira a temprana edad somos muchos quienes tenemos que ver con ese fracaso.

**"Cada fracaso enseña algo al hombre
que necesitaba aprender"**
Charles Dickens

Rafael Belmonte Olivares

Propósitos Deportivos para el Nuevo Año

"Si quieres conseguir algo que nunca has tenido tendrás que hacer lo que nunca has hecho"
J.d. Hudson.

Al iniciar un nuevo año, gracias a Dios, como siempre nos proponemos nuevos propósitos para nuestra vida.

Estos propósitos son para todas las áreas de nuestra vida: personal, familiar, laboral, deportiva, relacional, etc.

Son muy conocidos los propósitos de bajar de peso, ahora sí hacer ejercicio diariamente, aprender una nueva habilidad, viajar, ahorrar, etc. etc.

Los deportistas también inician el año poniéndose nuevos objetivos, nuevos retos y metas.

Los expertos de Fitter & Faster Swim recomiendan a los atletas seguir algunos sencillos, elementales consejos que les ayudarán a lograr sus propósitos.

Si quieres alcanzar el éxito toma en cuenta lo siguiente:

1. ¡Confía en tu entrenador!

Esto, ni siquiera es algo en lo que necesariamente tengas que pasar demasiado tiempo pensando. Todo lo que tienes que hacer es escuchar bien y hacer lo que dice tu entrenador. Si tu entrenador quiere que te concentres en una técnica específica, que nades en ciertas pruebas o intentes una nueva estrategia, todo lo que tiene que hacer es decir "¡SÍ!"

2. ¡Toma decisiones más saludables!

Sin dietas, sin horarios para acostarse, sin grandes cambios en su rutina. Una resolución para tomar decisiones saludables significa que simplemente harás un esfuerzo para elegir la mejor opción cuando sea posible. Así que cuando tienes que elegir entre un refresco y un agua, eliges el agua.

O cuando veas que es tarde, decidirás irte a dormir en lugar de conectarte a las redes sociales. O incluso elegirás un diálogo interno positivo sobre la negatividad. No tienes que ser perfecto, pero las mejores elecciones conducen a mejores resultados.

3. ¡Mejora tu técnica!

Esto no tiene que ser un cambio de trazo importante; es solo un compromiso de hacer un esfuerzo para hacer mejoras a lo largo del año. Aprende algo de Youtube o en un Fitter & Faster Swim Camp e impleméntalo. Ahora en las redes sociales puedes encontrar muchas lecturas y videos que te pueden ayudar en este tema.

¡Los pequeños cambios **pueden** tener grandes impactos! Cada año, cuando comienza el Año Nuevo, muchas personas deciden intentar comprometerse con una resolución para mejorar, sin embargo, la mayoría de las resoluciones se olvidan en febrero. La clave para **mantener** una resolución es hacerlo lo suficientemente grande como para tener un impacto, pero no tan grande que sea demasiado difícil de mantener.

La parte más difícil de una nueva meta es llevarla a cabo, cumplirla.

Recuerda:

"Si no cambias lo que estás haciendo hoy... todas tus mañanas se verán como ayer"

Rafael Belmonte Olivares

Como Prepararse para una Competencia de Natación
Jim Rohn

"La disciplina es el puente entre metas y logros

Parte 1: Preparación el día anterior.

Prepara tu maletín con las cosas que necesitas para la competencia. Esto te ayudará, porque no estarás rebuscando tus cosas la mañana siguiente y podrás tener el mayor descanso posible. Empaca por ejemplo una toalla, dos pares de goggles y dos gorras de natación, fruta, nueces, agua y una bebida energizante.

Asegúrate de conocer tu estrategia para la competencia del día siguiente.

Es decir, como vas a nadar, tus vueltas, brazadas, etc.
Ten una buena cena la noche anterior a la carrera.
Come muchos carbohidratos y proteínas. También incluye grasas saludables (almendras, mantequilla de maní).

Trata de comer la mayor cantidad de carbohidratos, por ejemplo, fideos, pastelitos, verduras, mantequilla de nueces, etc.
Toma una ducha con agua caliente.
Relaja tus músculos. Hazlo antes de irte a dormir.
Ve a dormir lo más temprano posible, sobre todo si vas a levantarte temprano.
La noche anterior a la competencia, tendrás que dormir mucho.

En sus Marcas...

Parte 2: Preparación para el gran día.

Toma un desayuno ligero como un tazón de cereal y un plátano o una barra energética si vas a nadar en la mañana.

Si vas a nadar en la tarde, toma un buen desayuno y un almuerzo ligero.

Come 1 o 2 horas antes del evento, por ejemplo, plátanos, galletas, tostada sin mantequilla en cantidades moderadas. Lo mejor será que comas pasta, cereales, pan, frutas y verduras. Estos alimentos salen del estómago 2 horas después, por eso no deberás comer más de 3 horas antes de nadar, sino podrían anular tu energía para la carrera. Los plátanos son excelentes, porque tienen potasio, el cual te hará más resistente al cansancio. Recuerda: nada de azúcar.

Descansa.

Si tienes que ir a la escuela, no te apures entre clase y clase. Tómate tu tiempo para subir y bajar las escaleras. No te sobre exijas, ahorra tu energía para la carrera.

Ponte tu traje de natación justo antes de salir de casa y junta las cosas para la competencia

No te pongas los trajes fastskins hasta que hayas calentado y estés seco. Asegúrate de tener agua y bocadillos saludables. Si vas a nadar eliminatorias y finales, necesitarás hasta cinco toallas, pero deberás colgar tus toallas para que sequen y ahorres espacio en tu maletín.

Escucha un poco de música animada.

Conecta tu iPod y escucha tu lista de canciones favoritas. Si es necesario, baila, pero no te canses.

Toma bastante líquido Los jugos de fruta y agua son los mejores líquidos. Muchas personas piensan que el Gatorade es bueno, pero tiene un alto contenido de azúcar (pero aun así te ayudará). La falta de líquidos también afectará tu rendimiento.

Parte 3: Día de la competencia.

Visualiza la carrera.

Siéntate en un lugar tranquilo y visualiza la carrera desde el momento en que subes al banco de salida hasta cuando llegas a la pared. Visualiza el tiempo exacto que quieres ver en la tabla de resultados. Esto te ayudará a tener una actitud positiva.

Ponte activo.

Dependiendo del tipo de persona que seas, quizá quieras moverte de arriba abajo 10 minutos antes de la carrera, haz una rutina rápida súper intensa de 30 segundos de flexiones, saltos de tijera o cualquier ejercicio que te ponga activo.

Entra a la piscina y nada.

No te agotes ni vayas demasiado rápido. Entra, haz estiramientos y siente el agua. Los ejercicios de técnica son excelentes para esto.

- Si sientes la necesidad de ir rápido, haz un set corto y difícil, pero no vayas a más del 80% de tu velocidad máxima. Asegúrate de que tus intervalos te den un buen descanso. Esto hará que tu sangre empiece a fluir, empezarás a sentir tu brazada y seguirás descansado para tu gran competencia. El punto es que tendrás que conservar tu energía mientras mantienes tu cuerpo en buenas condiciones.

Consejos:

- Recuerda siempre tener contigo tus goggles y gorra de natación.
- Mantente caliente cuando no estés nadando.

En sus Marcas...

Ponte tus pantalones deportivos favoritos y tu sudadera más cómoda.

- Nunca pienses que vas a perder, si no de seguro perderás.
- Solo relájate, no te estreses por nada y diviértete, las competencias son una buena oportunidad para relacionarse con los amigos y conocer gente.
- Procura aliviar tus necesidades fisiológicas antes de la carrera. Un estómago nervioso podría soltarse a medida que te acerques a la partida.
- No te pongas nervioso, porque podría afectar tu rendimiento.
- No te estreses durante los entrenamientos el día anterior.
- Checa el programa para que no te pierdas ninguna prueba.
- Ve a la competencia temprano para evitar el estrés.
- Mientras te prepares para nadar, un par de minutos antes de la competencia, eleva tu flujo sanguíneo saltando, agitando los brazos, etc.
- No consumas demasiada azúcar, porque la energía artificial no te hará nadar más rápido.
- Nunca tomes ningún tipo de bebida energética o gaseosa en un día de competencia, porque solo eliminará tus electrolitos y estresarás tus músculos.
- No comas demasiado. Podrían faltarte horas de sueño, pero no trates de llenarte de carbohidratos para compensar la falta de energía. Limítate a la dieta de 3000 calorías en los días de competencia y llénate de comida después de terminar de nadar, sobre todo alimentos altos en proteínas. Demasiada comida antes de la competencia hará que pierdas velocidad, tenlo por seguro.
- Mientras estés en la competencia, ponte en tu modo **"zen"**. No te preocupes por lo que pase a tu alrededor, solo cierra tus ojos y relájate.

"Si eres un nadador estos consejos te pueden ser útiles, si eres un entrenador compártelo con tus atletas".

Rafael Belmonte Olivares

Tips para Levantarse Temprano a Entrenar

Les comparto un artículo que nos envió uno de nuestros lectores, el **Ing. Eduardo Moreno Loyo,** ex nadador olímpico veracruzano. Por considerarlo de interés para todos los nadadores, entrenadores y padres de familia se los comparto:

Para algunos nadadores levantarse antes del amanecer para ir a una fría piscina para hacer series de mariposa no es la mejor parte del día, y cuando digo "algunos" nadadores me refiero a "casi todos" los nadadores.

Levantarse bien temprano por la mañana no tiene que ser una batalla contra el tiempo.

Hay ventajas de ser de las primeras personas despiertas. Crea disciplina, es una prueba de tu compromiso y dedicación, y para ser sinceros, tiene algo especial y único lanzarse a una piscina quieta mientras el resto está durmiendo.

Bienvenido a la rutina.

Aquí hay 7 pequeñas estrategias para hacer que levantarse temprano por la mañana sea mucho más fácil:

1. Haz que todo sea bueno al levantarte por la mañana.

Seguro, el hecho de tener que despertar en la madrugada no es el mejor sentimiento de todos, pero si tienes todas las cosas buenas que conlleva hacerlo y que además te gustan, entonces puede que salir de la cama sea un poco más fácil.

Coloca tu nueva canción favorita como tono de tu alarma. Come tu desayuno favorito (sano). Descarga tu video preferido la noche anterior y míralo mientras desayunas. Llena la mañana de cosas que te gustan y todas van a hacer que quieras estar despierto en vez de volver a la cama.

2. Haz que todo sea más fácil.

No debe haber nada muy difícil que te haga no querer levantarte. En esos primeros minutos, cuando sigues medio dormido y piensas en la excusa menos ridícula para decirle al entrenador que no vas a ir a entrenar -tu fuerza de voluntad está en su punto más bajo-haz que las mañanas sean fáciles- coloca tu ropa sobre una silla. Tus zapatos al lado de tu cama. Lo que vas a comer durante la madrugada sobre tu mesa de noche y todo tu equipamiento déjalo listo la noche anterior. La menor cantidad de obstáculos que tengas al salir de la cama hará todo más fácil.

3. Despierta y levántate rápido, muy rápido.

Esto puede que no funcione para todos. Una vez que la alarma suena, antes de siquiera pensar en darte la vuelta, salta de la cama. Enciende las luces para evitar cualquier cosa que te impida levantarte. Colocar varias alarmas, si te encuentras a ti mismo en esta situación y conversas contigo mismo de si deberías o no levantarte, estás perdiendo la batalla, elimina cualquier conversación y simplemente ponte de pie.

4. Administra tus dispositivos electrónicos.

Te tomará algún tiempo el darte cuenta que no podrás dormir en la misma habitación que tu celular. En tu estado semi-despierto no podrás evitar ver la luz que te indica algún mensaje de texto a media noche. Si estás más cómodo con el celular, y lo utilizas como alarma, colócalo lejos, así tendrás que levantarte para ir a apagar ese ruido a las 5 de la mañana.

5. Despierta a la misma hora, pero duerme cuando estés cansado.

Tu cuerpo no necesita exactamente la misma cantidad de horas de sueño todas las noches. Habrá días en los que tienes entrenamientos muy fuertes y un largo día de clases y tareas en los que difícilmente llegues a las 8 de la noche. Necesitarás 8-9+ horas para recuperarte. Otros días tu horario será menos extenuante, y el sueño no te llegará hasta las 10 u 11pm, entonces sólo necesitarás 6-7 horas de sueño. En lugar de pelear y de decirte que tienes que dormir siempre a la misma hora (¿lo que te ocasionará la típica pregunta "Cuántas horas más puedo dormir si me acuesto ahora?) Simplemente despierta a la misma hora todos los días. En pocos días te darás cuenta que tu cuerpo te dirá cuál es la hora de ir a la cama en vez de tratar de forzarlo a dormir.

6. Ten una rutina en la noche.

Si despertar a la misma hora no es lo mejor para ti y necesitas una ayuda para acostarte, prepara una rutina que te permita ir a la cama por las noches. Haz una lista de las 4-5 cosas que haces antes de acostarte y condiciona tu cuerpo a que ya es hora de ir a dormir. Las claves pueden incluir: Cepillarse los dientes, leer por 15 minutos, acomodar las cosas para el día siguiente, dejar todo en orden y así sucesivamente. Haz la lista y síguela consistentemente y pronto podrás decirle a tu cuerpo que ya es hora de dormir.

7. Haz un compromiso de 2 minutos.

Las cosas grandes en la vida se alcanzan con pequeños, pequeños pasos. Algunas veces una de esas cosas grandes es salir de la comodidad y calidez de la cama al frío de afuera.
Cuando empiezas a sentirte fuerte y te enfrentas a esos pensamientos de quedarte en cama, que sólo un día no hará diferencia, que nadie se dará cuenta y a nadie le importará, dile a esa voz que te vas a levantar por unos minutos.
"Luego de un par de minutos, el 99% de las veces, esa voz desaparecerá de tu mente".

Capítulo 4

Los Entrenadores

10 Consejos para Entrenadores de Natacion

El siguiente artículo fue escrito por el afamado entrenador australiano Wayne Goldsmith, por considerarlo de gran valor, nos permitimos compartirlo con nuestros lectores y entrenadores de natación.

"Ya sea que entrenes hombres o expertos, niños o triatletas, mujeres o quienes practican nado libre, bebés, pechistas o mariposistas, estos diez tips van a ayudarte a tener éxito en tu carrera de entrenador de natación y aún más importante, te ayudarán a que tus alumnos alcancen su más alto potencial".

1. No es lo que haces, sino cómo lo haces.

Si a dos personas les dan la misma caja de ingredientes, la misma receta, los mismos utensilios, el mismo horno, la misma cocina y la instrucción de que hagan y horneen un pastel, la mayoría de las veces obtendrán dos resultados completamente diferentes, ¿Por qué? Cada persona tiene los mismos básicos ingredientes: una alberca, algunos nadadores, un comité, padres, tal vez un gimnasio y aún algunos programas que logran tener éxito y otros que no. Por lo tanto, no es lo que tienes o lo que haces, es como lo haces.

2. El compromiso es la clave, no sólamente el esfuerzo.

Todos pueden llegar y nadar. Ese no es el truco. El verdadero truco es crear un entorno donde comprometas a los nadadores en un punto donde en cada vuelta den todo su potencial. Potencial más preparación = más alto rendimiento, pero esto sólo se logrará cuando la preparación es conscientemente completada con un propósito real, intento real y compromiso.

3. Entrena la rapidez todo el tiempo.

La rapidez es el más precioso elemento del nado. Es por lo que cada nadador entrena: ser capaz de ir tan rápido como sea posible en sus eventos competitivos. Entrena rapidez todo el tiempo, todo el año, incluso en tiempos donde otras capacidades físicas como resistencia son enfatizadas en el programa… rapidez, rapidez, rapidez: si no la usas, perderás y puede que no regrese.

4. La técnica de los estilos, las habilidades y las tácticas son formas "gratis" de mejorar tu rendimiento.

La mayoría de los entrenadores, cuando se enfrentan con el reto de intentar mejorar el rendimiento de sus nadadores se enfocarán desde una perspectiva de trabajo, por ejemplo; no mejoras… trabaja más duro, no ganas… trabaja más duro. Aún así, el momento de máximo rendimiento llega por hacer todas las cosas bien: entrenamiento físico, técnica, habilidades de competencia, flechas, salidas, vueltas, llegadas, respiración, calentamientos, aflojes, aspectos mentales y miles de otras cosas. Enfocándose en la técnica, habilidades de nado, habilidades mentales y habilidades tácticas, los nadadores pueden implementar su rendimiento "gratis". Eso es, que no se tiene que trabajar más duro, solo inteligentemente, más consciente y con un más alto nivel de compromiso en su programa.

5. La actitud lo es todo.

El entusiasmo es como un virus: es pegajoso. ¿Quieres que tus nadadores sean apasionados, impulsados, entusiastas y positivos? Date una vuelta al espejo y pregúntate: "¿yo realmente vivo esas mismas actitudes y comportamientos en todo lo que hago cada día?".

6. Entrena desde una perspectiva totalmente atlética, holística y estable.

Nadar ha sido tradicionalmente basado en un modelo físico/fisiológico. Por ejemplo: enfocado principalmente en las tres grandes variables de frecuencia, intensidad y volumen. El modelo fisiológicamente basado tiene muchas limitaciones y es un final fatal para aquellos nadadores y entrenadores que buscan ser lo mejor de lo mejor en un futuro. Mejor, adopta un enfoque totalmente atlético, holístico y estable para la mejora del rendimiento y particularmente en el momento de entrenar la mente y el cuerpo en armonía, simultáneamente, si quieres lograr un potencial con máximo rendimiento.

7. Nunca jamás, dejes de aprender.

Todos quieren ganar. Una parte fundamental de ganar es obtener una ventaja sobre tus competidores en uno o más aspectos de planeación, preparación y rendimiento; y adquirir una ventaja de ganador viene de aprender. Ganar y aprender vienen de la mano. Aprende rápido, mejora más rápido, gana más rápido.

8. Pasión... porque es lo que te guía a...

La pasión sobrepasa la adversidad. La pasión es el combustible que enciende el rendimiento. La pasión les ayuda a las personas a lograr lo imposible. La pasión hace que la dificultad parezca insignificante. La pasión convierte los retos en obstáculos menores. Con pasión verdadera, todo es posible.

9. Nunca, jamás, le copies a alguien: copiar mata el entrenamiento.

Mira, escucha y aprende de otros entrenadores, pero no les copies. Aprende de otros solamente para ayudarte a tomar decisiones y para aprender de los errores que otros han cometido.

Pero, no copies. Entiéndete a ti mismo y tu propia filosofía de entrenamiento. Conoce cuáles son los valores, y condúcete apasionadamente como ser humano y como entrenador. Después, desarrolla tu propia manera de hacer las cosas. El ingrediente más importante del éxito es ser único. Es ser diferente y estar preparado para hacer cosas que nadie más ha hecho o está haciendo.

10. Entrena por colaboración, cooperación y confidencia no por conflicto, confrontación y crisis.

Nadar es un deporte de equipo y el éxito real viene cuando los nadadores y padres trabajan con entrenadores como parte de un rendimiento en equipo.

Wayne Goldsmith http://www.swimcoachingbrain.com/

**"Un hombre sabio es aquel
que aprende algo de cada persona"**
Alejandro Jodorowski

Los Talentos Deportivos

**"Para estar presente mañana
en el recuerdo de tus alumnos
es preciso estar presente
en sus vidas hoy"**

Se ha hablado mucho acerca de los talentos deportivos. En la metodología existen diferentes teorías al respecto.

Los eruditos dicen que el talento: es una capacidad intelectual o física, una aptitud que tiene una persona para aprender las cosas con facilidad o para desarrollar con mucha habilidad una actividad.

Hablando específicamente del talento deportivo unos metodólogos nos dicen que "un Talento Deportivo es aquel que, en un determinado estado de la evolución, se caracteriza por determinadas condiciones y presupuestos físicos y psíquicos, los cuales, con mucha probabilidad, le llevarán, en un momento sucesivo, a alcanzar prestaciones de alto nivel en un determinado tipo de deporte".

"El talento deportivo se caracteriza por determinada combinación de las capacidades motoras y psicológicas, así como de las aptitudes anatomo-fisiológicas, que crean en conjunto, la posibilidad potencial para el logro de altos resultados deportivos en un deporte concreto"

Una de las preguntas que nos hacemos los entrenadores acerca del Talento Deportivo es si ¿este es una capacidad innata o adquirida? Semejante a la pregunta ¿Si el líder nace o se hace?

Los estudios científicos no dan evidencia acerca de si esta capacidad especial se nace con ella o se desarrolla con el entrenamiento. Esto es algo subjetivo y difícil de valorar.

En el caso específico del deporte es importante para efectos competitivos el saber detectar un alumno que tenga talento para alguna actividad física.

Cuando este talento o nuevo valor es detectado oportunamente se hace posible llevar con él un trabajo metódico que le conduzca a alcanzar niveles altos en su especialidad.

Hay instructores, maestros, entrenadores que tienen esa visión, esa capacidad para detectar a un talento deportivo.

Si usted en su escuela o club tiene a un maestro de estos, cuídelo, es de gran valor.

En el deporte profesional esta habilidad o capacidad de detectar talentos se ha convertido en una verdadera especialidad. Es de gran valor el contar en su organización con excelentes buscadores de talentos.

Recordamos el caso de como el pitcher sonorense Fernando "El Toro" Valenzuela fue visto en sus inicios por el gran "Corito" Varona quien lo recomendó con el "caza talentos" de la Ligas Mayores Mike Brito.

La historia de los éxitos del "Toro" Valenzuela todos la conocen. Están escritos en los libros del deporte del béisbol.

Esta historia nos muestra la importancia de saber detectar a un talento.

En el mundo del deporte tenemos instructores, maestros y entrenadores que se encargan de la enseñanza y del entrenamiento de los niños y de los jóvenes, pero hay algunos de ellos que tienen una capacidad, una habilidad, una visión para reconocer a los deportistas que tienen un "talento" para las disciplinas deportivas.

El hecho de ser detectado en edades tempranas como un "valor" es sumamente importante para el futuro del deportista.

Una buena conducción de su proceso formativo puede llevar al éxito o al fracaso competitivo.

Hay clubes y equipos que tienen dentro de sus programas la detección de talentos, la formación y la búsqueda de nuevos valores. Pero hay otros que no se esfuerzan en este rubro y solo están a la casa de lo que otros producen y desarrollan.

En sus Marcas...

Es por eso que el Coach Fernando Conde, Director de América Swimming escribió en su portal:

"Si como entrenador tienes que buscar alumnos de otra escuela para presumirlos como tuyos, de entrenador no tienes nada"

Es importante que las escuelas, clubes, equipos, asociaciones, organizaciones e instituciones deportivas destinen recursos humanos, metodológicos y organizacionales a detectar a todos elementos que puedan tener un proceso adicional al instruccional a fin de llevarlos a etapas de un nivel superior.

El deporte requiere de nuevos talentos que vengan a reforzar sus cuadros competitivos.

Pero como dicen los Alvaradeños:

"El que quiera comer pescado tiene que mojarse..."

Detrás de toda estrella deportiva hubo alguien que puso sus ojos en él/ella cuando apenas se iniciaba en esa disciplina y lo supo encausar debidamente.

También hubo otro que respetó su proceso formativo y de desarrollo y lo llevó paso a paso hacia metas futuras. Pero también ha habido quienes no respetan los procesos y tiran por la borda el futuro de muchos valores.

Bien dice el dicho:

"No por mucho madrugar amanece más temprano"

Rafael Belmonte Olivares

¿Cómo Afecta la Competencia a los pequeños Deportistas?

"El precio de la educación solo se paga una vez, el precio de la ignorancia se paga toda la vida"

Una de las interrogantes que nos hacemos los entrenadores, los dirigentes deportivos y los padres de familia es: ¿Qué tanto afecta a nuestros deportistas el ser sometidos al stress del entrenamiento y de la competencia en edades tempranas?

Durante mucho tiempo se ha debatido sobre este asunto. Los técnicos y los metodólogos han realizado estudios e investigaciones al respecto.

Esto ha hecho que las políticas deportivas cambien en diferentes épocas.
En los años 70s. la **FMN** organizaba campeonatos nacionales desde la categoría 9-10 años.
Nos tocó el competir en los Juegos Nacionales del DIF allá por el año 75.
Ahí participaban niños desde 6 años y menores hasta 14 años.
Con el tiempo cambiaron las políticas y desapareció el evento.
Más tarde en los 90 la FMN consideró que era mucha la presión para los menores y desapareció los campeonatos nacionales y la participación en los eventos internacionales para la categoría 11-12.

La intención era quitar presión a los deportistas y que su proceso de formación fuera más mesurado.
Este sistema de competencia prevaleció hasta los últimos años.

Ahora la **CONADE** organizadora de la Olimpiada Nacional determinó que en la natación no participará la categoría 11-12.

Pero el año deportivo 2017-2018 una vez más la FMN ha determinado abrir su afiliación a nadadores desde 8 y menores, 9 y 10 años y además organizará una Copa Nacional para las categorías menores (8, 9 y 10 años).

Volvemos a los años 70s.

"La duda, es uno de los nombres de la inteligencia"
Jorge Luis Borges

Muchos estudios e investigaciones se han hecho al respecto.

En mi archivo encuentro una investigación de los maestros españoles Virginia Posadas y Francisco Javier Ballesteros.

Ellos después de una ardua tarea llegaron a las siguientes conclusiones:

"Si bien es cierto, que todo deporte necesita de la competición, puede ser que se esté tratando el tema de una manera errónea, y que no sea lógico que un niño de tan pequeña edad sienta tales presiones cuando se enfrenta a otros deportistas semejantes".
Los niños no entienden esta edad como un período de formación integral, sino como otra etapa más en la que su obligación es la de obtener resultados, imponerse a sus compañeros, en definitiva: ser los mejores.

Esta concepción del deporte de tan pequeños practicantes viene inculcada por la sociedad, por sus superiores... Así vemos como una de las causas que le provocan más estrés al niño es hacerlo bien por el que dirán de sus padres. En este sentido podemos decir que todos los que fuimos deportistas en tales edades, al llegar a casa se nos preguntaba:

¿Has ganado? Y no se nos hacían preguntas como: ¿te lo has pasado bien? ¿lo has hecho bien? ¿...? preguntas que denotan lo que esta sociedad espera del deporte, sea en la fase que sea.

Así, no es extraño que todo deportista, sienta la necesidad imperiosa de ganar, sea cual sea su estado, en lugar de tratar la competición (al menos en edades tempranas) como otro entrenamiento más, al cual no deben de tenerle ningún miedo, pues van a hacer lo que hacen tantas veces a lo largo del año, es decir nadar como mejor sepan y sin ningún tipo de presión.

Por lo tanto, si lo que más estrés produce a nuestros pequeños deportistas es lesionarse, no nadar bien, cometer errores, es aquí donde deberíamos trabajar con ellos.

No deben preocuparse por el resultado o rendimiento, sino por la experiencia de competir, divertirse con ella y aprender a disfrutar de ella. Llevan toda la semana, mes, ciclo entrenando y ahora van a demostrar lo que han hecho, no debe suponer estrés, sino ilusión, y es ahí donde debemos volver a plantearnos nuestro trabajo como entrenadores.

- Los niños que puntúan alto en ansiedad competitiva perciben un mayor estado de ansiedad en los ambientes deportivos.
- Los niños que poseen una baja autoestima experimentan un estrés superior al de los que poseen una autoestima elevada.
- Los niños con expectativas más bajas de hacerlo bien experimentan un estrés competitivo mayor que los niños cuyas expectativas de hacerlo bien son más elevadas.
- Los niños que tienen miedo a la evaluación del entrenador o de sus padres experimentan más estrés.
- Los que notan una mayor presión para competir

En sus Marcas...

por parte de los padres experimentan niveles más elevados de estrés.
- Los niños que pierden experimentan un estrés superior a los niños que ganan.

Debemos reflexionar sobre el pensamiento que dice:

**"Todos cometemos errores,
pero no todos aprendemos de ellos"**

Rafael Belmonte Olivares

El Juego Mental del Profesional De La Natación

"Cuando te digan tu no puedes, diles mira como lo hago"

Este es un artículo publicado por de "Swim Training"
(Autor anónimo) espero sea de su interés:

El consejo es:

Mantenerte enfocado, mantenerte motivado

Encontrar balance.

Si bien la dedicación y el trabajo duro son esenciales para el éxito como nadador profesional, también es importante encontrar el equilibrio en tu vida. Eso significa reservar tiempo para recargar sus baterías mentales.

Elija algunos pasatiempos adicionales, haga tiempo para amigos y familiares y piérdase por un tiempo. Incluso si convertirse en el nadador vivo más rápido es su objetivo final, recuerde, incluso Michael Phelps juega videojuegos. Siempre y cuando tus pasatiempos no te quiten tu entrenamiento o tu horario de sueño, disfruta de ellos."

Cuida tu Salud Mental.

Así como mantener su cuerpo es vital para su carrera de natación, también lo es mantener su cerebro. Como atletas profesionales, a veces puede ser frustrante ser humano. Pasar las 24 horas del día, los 7 días de la semana, empujándose mecánicamente en una piscina, teóricamente podría ser excelente para establecer récords mundiales, pero también es imposible.

El agotamiento es algo real, y si mentalmente no estás en el juego, tu cuerpo no cumplirá con las expectativas. A veces puede ser bueno tomar breves descansos de la piscina, como unas vacaciones de su objetivo. Si te estás esforzando para competir la próxima semana, solo aprieta los dientes y ve hasta el final, pero ¿si no hay nada en el horizonte? Tómese un breve descanso por su propio bien. Te encontrarás revitalizado y listo para seguir empujando después.

Social.

Encuentra inspiración en otros.
Puede ser útil mirar a los demás en busca de inspiración y motivación. Esto podría incluir buscar modelos a seguir o mentores o simplemente encontrar formas de mantenerse en contacto con otros nadadores y entrenadores. Unirse a un equipo de natación o unirse a un club puede brindar oportunidades para conectarse con otras personas que comparten objetivos e intereses similares.

Celebra las pequeñas victorias.

Es importante reconocer y celebrar el progreso que realiza, por pequeño que parezca. Esto puede incluir establecer y lograr objetivos a corto plazo, como mejorar sus tiempos o alcanzar su mejor marca personal. También puede ser útil celebrar las victorias no tangibles, como adquirir nuevas habilidades o convertirse en un nadador más fuerte y seguro.

No importa la victoria, debe ser celebrada y recompensada. Si eso significa salir con amigos a tomar una cerveza o quedarse despierto toda la noche en una fiesta, haz que suceda. El entrenamiento es un trabajo duro, pero eso no significa que tu vida deba estar desprovista de celebración.

Busque apoyo.

Los nadadores profesionales a menudo enfrentan una serie de desafíos y contratiempos, y es importante contar con un sistema de apoyo para ayudarlos a enfrentar estos desafíos. Esto podría incluir buscar la ayuda de un entrenador, psicólogo deportivo u otro profesional de la salud mental. También puede ser útil hablar con amigos, familiares u otros nadadores sobre sus problemas y buscar su apoyo y orientación.

Conclusión.

Mantenerse motivado como nadador profesional requiere establecer metas específicas y alcanzables, mantener una mentalidad positiva, buscar inspiración y apoyo en los demás, celebrar las pequeñas victorias, cuidar la salud física y mental y encontrar el equilibrio en la vida. Al centrarse en estas estrategias, los nadadores profesionales pueden mantenerse motivados y dedicados a su entrenamiento y continuar progresando hacia sus objetivos finales."

"Controla tu mente para conquistar tu cuerpo"

En sus Marcas...

El Liderazgo de los Entrenadores Deportivos

**"Un líder no lucha por ser el primero,
sino es el primero en luchar"**

Los expertos entienden como Liderazgo la acción de influir en los demás.

En el ámbito deportivo encontramos que los entrenadores son unos líderes con gran potencial.

Ellos tienen bajo su encargo a todos sus alumnos, deportistas y también en algunos casos a padres de familia.

Ellos tienen como propósito principal el satisfacer las necesidades de su entorno.

Todas las instituciones, en este caso las deportivas, requieren de líderes eficientes.

Para obtener un logro deportivo cada vez más ambicioso, la figura del líder resulta de vital relevancia, cuando se desea subir al pódium, superar sus tiempos o lograr la mejor marca hay que tener entrenadores líderes que tengan esa visión y capacidad para lograrlo.

El conocimiento, la capacidad, pero sobre todo la actitud del entrenador frente a sus atletas o el equipo es determinante hacia la consecución del objetivo que se plantea, no se debe restar importancia a la influencia del entrenador en los diferentes roles del deportista dentro del conjunto y al momento trabajar por un fin común, la competencia.

Un líder, un entrenador, debe tener un alto nivel de energía o motivación, de inteligencia, habilidades, salud mental y emocional, pero sobre todo integridad.

Recordemos la frase:

**"Integridad es hacer lo correcto,
aunque nadie nos esté mirando"**

Los líderes, los entrenadores perciben una necesidad, obtener conocimientos, habilidades, mejorar marcas, cumplir sueños, etc. y en ello se enfocan hasta el logro de sus propósitos.

Generalmente los líderes poseen un don, una habilidad, una competencia, en este caso en el área deportiva. Pero sobre todo los grandes líderes se enfocan en el aspecto integral de sus deportistas.

Atienden no solo sus requerimientos deportivos, sino también sus necesidades personales, físicas, emocionales y espirituales.

No podemos liderar solo el área deportiva, debemos liderar el aspecto integral de nuestros deportistas.

El don que poseen los líderes, los entrenadores, ayudan en gran manera a resolver los problemas y necesidades de sus educandos.

Generalmente los líderes, los entrenadores despliegan una gran pasión por lo que hacen. Los líderes con pasión son quienes usualmente convierten en triunfadores a sus deportistas, e insisto no solo en el deporte, sino en su vida en general.

Forman seres humanos productivos, eficientes y satisfechos con sus logros.

Los grandes líderes son quienes hacen la diferencia.

El liderazgo de los entrenadores se basa en la confianza que en ellos depositan los padres de familia y los deportistas.

También se basa en la integridad del entrenador. Muchas veces nuestros deportistas se cuestionan ¿Cómo me dice el coach que no fume, que no tome, cuando el si lo hace?

Dice un pensamiento:

"Existen dos causas que producen todas las confusiónes, no decir lo que pensamos y no hacer lo que decimos"

Por eso los grandes líderes, los grandes entrenadores basan su eficiencia en su ejemplo, no en sus habilidades físicas o técnicas, sino en la congruencia entre lo que hacen y lo que dicen.

**"Las palabras convencen,
pero el ejemplo arrastra"**

Bien dijo Pablo Coelho:

**"El mundo cambia con tu ejemplo,
no con tu opinión"**

Es por eso que nuestros entrenadores que desean ser grandes líderes deben basar su trabajo con su ejemplo de vida.
Nuestro deporte necesita grandes líderes, grandes entrenadores.

Francisco Alcaide dijo:

**"Los buenos líderes se necesitan
en los momentos difíciles,
porque en los buenos momentos
todos los líderes son excelentes"**

Rafael Belmonte Olivares

Sugerencias a los Entrenadores

**"Si no te gusta lo que cosechas,
analiza y cambia lo que siembras"**
Anónimo.

Hemos tenido la oportunidad y el privilegio de escuchar a muchos entrenadores de la elite mundial y olímpica y conocer de sus experiencias y como han hecho para llevar al éxito a sus deportistas.

Hoy quiero compartirles algunos de los tips que les hemos escuchado, espero que a los nuevos entrenadores les sean de utilidad, no pienso en los "veteranos" porque muchos de ellos ya tienen su "librito" y están casados con sus propias ideas.

Aquí algunas sugerencias:

- Tienen que hacer planes a corto, mediano y a largo plazo.
- Nunca entrenes sin un plan, el peor de los planes es mejor que nada.
- Cada entrenador debe tener clara su misión y la visión, a donde quiere llegar.
- Pregúntate ¿Qué quiere el nadador? ¿Cuáles son sus metas? Y de acuerdo con esa información traza tu plan de trabajo.
- Los nadadores deben conocer los planes del entrenador y saber a donde los quiere llevar con su trabajo.
- El entrenador debe conocer las fortalezas y debilidades de cada nadador.
- La comunicación es vital, no solo con el nadador, también con los padres de familia que son quienes soportan financieramente el plan de trabajo.

Hay entrenadores que nunca realizan juntas de información con los elementos de su equipo.

- La comunicación no solo debe ser de la natación, hay muchos aspectos coadyuvantes en la vida del nadador que son importantes para el trabajo.
- El entrenador debe inspirar, debe motivar a sus deportistas, el entrenador debe ser un soñador que acompañe a sus muchachos rumbo a la cima.
- Recuerden que la disciplina en el entrenamiento es la clave del éxito.
- Siempre hay que evaluar los resultados para medir la eficiencia del plan de trabajo y usarla como retroalimentación para los planes siguientes.
- Hay que establecer un compromiso tanto por parte del deportista como del entrenador y de los padres de familia, si alguien falla los objetivos no se cumplirán.
- No puedes obligar a los atletas a entrenar, tienes que convencerlos.
- En entrenador no solo debe enfocarse en el trabajo en el agua; hay que aplicar la psicología con sus muchachos.
- El entrenador debe reconocer cuáles son sus fortalezas y debilidades en el entrenamiento.
- No tengas miedo a preguntar a los que saben, a los que ya han logrado excelentes resultados, ellos ya conocen el camino.
- Nunca pienses que ya lo sabes todo, cada día hay algo nuevo que aprender

- Si te atreves a entrenar, esfuérzate en aprender.

**"En la vida no puedes retroceder,
pero si puedes volver a empezar"**
Anónimo

Capítulo 5

Los Padres

El Papel de los Padres en el Deporte Infantil
Por: José M. Beirán

Hoy quiero compartirles un muy interesante artículo de José M. Beirán acerca del papel que juegan los padres en el desarrollo deportivo de los niños.

José M. Beirán es Psicólogo del Deporte. Además, fue atleta olímpico (JO Los Ángeles, 84) y jugador profesional de baloncesto. Así que trata el tema con mucho conocimiento y experiencia.

He aquí su artículo:

"Es muy gratificante ser padre de un niño que hace deporte. Es divertido verle jugar, competir, verle mejorar física y técnicamente y conseguir sus objetivos. Ser testigo de cómo se va formando como deportista y como persona. Pero, ¿qué podemos hacer para ayudarle?, ¿hacemos lo mejor para él?

¿Quién enseña a un padre a ser padre? ¿Y a ser padre de un deportista?, ¿y si además destaca? Es una tarea difícil y comprometida, y pocas conllevan tanta responsabilidad y más interés en hacerlo bien. Vamos aprendiendo con aciertos y errores pero contamos con algo básico, el cariño y el verdadero interés por los hijos. Pero en muchas ocasiones, el interés y la mejor intención no es suficiente para ayudarles en su carrera deportiva y lo que es más importante, en su crecimiento personal. Incluso a veces la conducta de los padres es uno de los mayores obstáculos que tienen que superar los jóvenes para lograr el máximo rendimiento.

Rafael Belmonte Olivares

Llevo años trabajando con padres de deportistas de formación, generalmente de alto nivel y en diferentes deportes, tanto individuales como de equipo, y en este tiempo he visto padres que realmente han sido un estímulo y una ayuda para sus hijos y que en muchos casos han sido fundamentales para una carrera exitosa en su deporte y en su formación personal. Pero también he visto padres que han supuesto la mayor dificultad a la que han tenido que enfrentarse esos deportistas y sospecho que en muchas ocasiones han sido la principal razón por la que no han destacado o logrado el nivel que prometían o que podían alcanzar.

Los padres son básicos, para bien o para mal, pero no deben ser los protagonistas. Los únicos actores principales son los deportistas aunque los padres tienen un papel fundamental e insustituible. El resto, todos los que trabajamos con ellos en el deporte, podemos tener un papel más o menos importante y durante más o menos tiempo, pero somos actores secundarios o extras e iremos cambiando. Los que no van a cambiar nunca su rol son los padres y sus hijos. Se puede ser padre de un deportista durante un año, dos, o veinte, pero seremos sus padres durante toda la vida.

Esta película es un trabajo de equipo y como en todo equipo hay un objetivo común aunque cada miembro tiene una tarea y unas responsabilidades diferentes.

Debemos comprender cuál es nuestro papel, qué debemos hacer para alcanzar ese objetivo y por supuesto intentar no interferir en el que tiene el resto del equipo.

La pregunta es: **¿Cuál es el papel de los padres?**

Fundamentalmente el de apoyar y ayudar a sus hijos. Especialmente en los malos momentos por los que pasarán. Apoyar significa que sepan que estamos cerca por si lo necesitan, que les escucharemos cuando quieran hablar, sin obligarles si no quieren hacerlo, permitiéndoles que tomen decisiones y sobretodo manteniendo un equilibrio emocional en los buenos y en los malos momentos que a ellos les va a costar más conseguir.

La buena noticia es que la forma de ayudar a nuestros hijos deportistas es la misma sean o no de alto nivel. No hay que hacer cosas muy diferentes si destacan mucho en su deporte, simplemente debemos estar más atentos en este último caso por el mayor riesgo y el mayor estrés que supone el deporte de alto rendimiento. En cierta ocasión un deportista destacado me comentaba: "mi familia es la que me pone los pies en el suelo y eso es lo que más me ayuda en mi carrera".

Si aunque sea un deportista importante le tratamos como a cualquier otro hijo y le pedimos lo mismo, estamos valorando a la persona, al hijo, no al deportista ni en función de unos resultados como normalmente va a hacer la mayoría de la gente que le rodea. Le estamos trasmitiendo que el cariño y la valoración de sus padres no dependen de sus éxitos deportivos.

Deberíamos intentar en la medida de lo posible que nuestra relación con ellos y nuestros temas de conversación no se limiten solo a su deporte sino sobre otras cosas ajenas a él. De esta forma también le enseñamos a valorarse a sí mismo como persona y a ser capaz de evaluar su rendimiento y su conducta independientemente de los resultados, lo que será muy importante en su carrera deportiva o para conseguir un alto rendimiento en cualquier otra actividad.

El deporte de competición provoca un estrés psicológico inevitable y que los deportistas tienen que aprender a manejar. Según mejoran de nivel, los entrenadores les van a exigir cada vez más, la evaluación continua, la propia competición y ellos mismos con sus expectativas y objetivos, van a provocar una presión cada vez mayor por lo que otra tarea importante de los padres sería la de ayudarles a superarla y no añadir más.

En un asunto tan importante como este, deberíamos reflexionar de vez en cuando sobre como lo estamos haciendo. ¿Cuál es mensaje que nos gustaría trasmitir a nuestro hijo?, ¿cuál es el que realmente le está llegando?

Voy a poner un ejemplo: Antes o durante una competición, con la intención de apoyar, de animar, de quitarle presión o transmitir confianza a mi hijo le puedo decir "tranquilo que estoy convencido de que lo vas a hacer bien", o " eres el mejor" , " seguro que hoy ganáis,"… Puede parecer que le estamos ayudando, sin embargo no sabemos lo que realmente piensa, que confianza tiene en sus posibilidades, sus expectativas, sus dudas. Además estamos hablando de deporte y pocas cosas son totalmente seguras, siempre puede haber sorpresas y hay que contar con los rivales, así que lo que percibe el joven quizás sea: "mi padre confía en mí, está seguro de que lo voy a hacer bien, pero yo no estoy tan seguro. Si no lo hago como él espera, algo estaré haciendo mal o no soy tan bueno como él piensa. Puedo fallar a mi padre".

¿Realmente le estamos liberando de la presión o estamos añadiendo más?

Otro ejemplo: Cuando después de una victoria o una actuación destacada o una derrota por dolorosa que sea actuamos de forma muy diferente y exagerada e incluso el ambiente familiar durante ese día varía en función de un resultado deportivo, estamos añadiendo una presión innecesaria y perjudicial.

Tengan el nivel deportivo que tengan nuestros hijos, debemos orientarles hacia la diversión, a la mejora del rendimiento, al esfuerzo y a un clima motivacional positivo.

Todo esto es parte del papel de los padres en el rodaje de esa película y la mejor manera de ayudarles a conseguir su máximo nivel.

"Y lo mejor es que además de ayudarles podemos a la vez disfrutar y divertirnos con la participación deportiva de nuestros hijos".

En sus Marcas...

Consejos a Padres de Deportistas

Viejo refrán:

"Quien no oye consejo, no llega a viejo"

Hace muchos años, en una Word Clinic de la ASCA (American Swimming Coaches Association) escuché al emérito Entrenador Mark Shubert, en una de sus conferencias, decir que el puesto ideal del entrenador es el ser Coach del Orfanatorio.

Schubert explicó las razones por las cuales el entrenador se siente más a gusto cuando no hay padres que interfieran con su labor.

A continuación, trataré de enunciar algunas de esas razones de Shubert y de otros destacados entrenadores esperando sean como un consejo a los padres de los deportistas de tal manera que el Coach pueda realizar su trabajo en un ambiente y circunstancia adecuado y que sus hijos entrenen y compitan en las mejores condiciones.

1. No quieras especializar a tu hijo en edades tempranas.

Los niños deben desarrollar todas sus habilidades y capacidades antes de una especialización en algún estilo o prueba.

Esto aplica cuando permitimos que los niños y jóvenes experimenten diversos deportes además del de su preferencia, esto es saludable.

Una de las lecciones más difíciles que tendrán que aprender es que en algún momento van a tener que decidir si quieren continuar en un deporte. Y no habrá nada que pueda hacer para hacerlos competir si ya no tienen la voluntad o el deseo.

2. Apoye a su hijo, pero no lo presione.

Cuantos nadadores no se han quedado al inicio o a mitad del camino por una presión o dirección desmesurada ya sea de parte del entrenador o de los padres.

Las buenas intenciones no siempre tienen finales felices. Permita que su hijo disfrute el entrenar, competir, convivir con sus compañeros, él se mantendrá en el camino a medida que disfrute lo que hace por sí mismo y no por presiones externas.

3. Recuerde: el entrenador entrena; los nadadores nadan, los padres educan.

Cuando cada ente se ocupa de su tarea todo funcionará de maravilla. Dejen que el entrenador se ocupe del trabajo de planificación, técnica, entrenamiento, motivación, fijación de metas, etc.

Nada daña más el desempeño de los hijos deportistas que un padre quiera tomar parte en el proceso deportivo de sus hijos.

Hemos visto a muchos padres que de la noche a la mañana se convierten, gracias al internet, en entrenadores. "Algunos les llaman entrenadores "digitales".

"Un programa de natación positivo, constructivo y exitoso es muy posible cuando los nadadores, entrenadores y padres trabajan juntos con honestidad, respeto e integridad."

Si todo el mundo se mantiene enfocado en hacer bien su trabajo -todos ganan - particularmente el nadador.

4. Den responsabiliades a sus hijos

Hay muchos padres que quieren hacer todo por sus hijos, pretenden ayudar en todo a sus chicos quitándoles la oportunidad de aprender a ser responsables.

Los padres en natación piensan que están ayudando al hacer todas las pequeñas cosas por sus hijos, padres que hacen y deshacen la mochila de natación de sus hijos, les hacen el desayuno, llevan su material de nadar, llenan sus botellas de agua etc...

En sus Marcas...

¡Están haciendo justo lo contrario de lo que hay que hacer!

Están creando nadadores dependientes en lugar de jóvenes independientes y eso no va a resultar en el desarrollo de adolescentes que posean un fuerte sentido de la seguridad, confianza en sí mismos, capacidad de recuperación y autosuficiencia.

5. No hable de natación con sus hijos todo el tiempo.

Recuerdo el comentario de un ex nadador olímpico, padre de nadador, que decía que saliendo de la alberca no volvían a hablar entre ellos de natación.

A todos nos gusta este deporte. Pero es sólo un deporte. Hay películas, arte, música, política, literatura, teatro, otros deportes, el tiempo de descanso, ir a la playa, senderismo, aprender otro idioma...

El mundo está lleno de millones de experiencias maravillosas y los niños necesitan tener la oportunidad de estar expuestos a tantas como sea posible. No hay necesidad de hablar de natación todo el tiempo. Todo lo que hará será aumentar la probabilidad de que el niño se aleje del deporte llegada la adolescencia.

6. No espere que su hijo mejore sus tiempos cada vez que nada.

Nadie hace su mejor marca cada vez que nada. Nadie. Vuelva a leer esta línea diez veces. Nadie.

Los resultados deportivos dependen de muchos factores, no es posible seguir cuesta arriba todo el tiempo, el entrenamiento y el desempeño tienen curvas ascendentes y descendentes, son asuntos técnicos que están bajo el control del entrenador, habrá momentos de mantenimiento, de relax, de control, de descenso, etc.

Así qué si no hacen su mejor marca en una prueba, ¿hay un problema? Confía en el entrenador y su trabajo.

7. No traten a sus hijos en función de su rendimiento en natación.

Esto sucede en todas partes del mundo y por alguna razón algunos padres simplemente no lo entienden.

Si los niños ganan – quiéranlos con todo su corazón. Si los niños pierden –quiéranlos con todo su corazón. Si los niños hacen 10 mejores marcas – amar y apoyar incondicionalmente. Si los niños no hacen una mejor marca durante 6 meses – amor y apoyo incondicional.

¿Qué tan rápido tiene que nadar un niño para que sea tratado, hablado o querido de un modo u otro?

Cuando se trata de amar y apoyar a su hijo – sobre todo en público, entre ganar y perder no hay ninguna diferencia.

El Dr. James Counsilman, en su libro **"La Ciencia De La Natación"** expone este problema con los padres y les llama:

"Padres de Alta presión". Hay que leer al Dr.

P.D. Aplica a los padres de todos los deportistas.

En sus Marcas...

Como Destruir el Futuro Atlético de su Hijo

Este es un artículo que considera y recomienda como deben conducirse los padres de familia y los entrenadores en el desarrollo deportivo de los hijos.

Matt Russ dice:

"Centrarse en un solo deporte. Es algo lógico creer que cuanto más tiempo es dedicado a la formación de un deporte, en un mejor atleta se convertirá con el tiempo. Y sin duda el ocasional Tiger Woods se presenta. Pero esta mentalidad más a menudo deja a múltiples atletas jóvenes destrozados junto a la carretera. El desarrollo de un atleta es como abrir una puerta. Usted debe tener exactamente la llave correcta, que involucra a todos los interruptores de la cerradura, para abrir la puerta. El entrenamiento es sólo uno de los interruptores, no la llave.

Un niño no se auto-define en un deporte hasta la adolescencia, como he mencionado anteriormente. Con el fin de averiguar en qué son realmente buenos, si realmente disfrutan, y realmente quieren tener éxito, ellos deben probar una serie de cosas. Esto es bueno, esto es saludable, y les impide quemarse en un solo deporte. Pero, muchos padres ven un poco de talento, de aptitud y ya quieren llamarlo el "deporte" de sus hijos.

La participación en múltiples actividades deportivas, incluso, puede ayudar a prevenir las lesiones asociadas con el exceso de especialización. Usted debería preguntar a su hijo si quiere probar diferentes deportes, o incluso insistir gentilmente para hacerlo. Con el tiempo pueden reducir su enfoque. Unirse al equipo de fútbol que viaja a una edad temprana puede hacer que su hijo se vaya dando cuenta de si es más talentoso (y apasionado) en el béisbol o la natación.

Rafael Belmonte Olivares

Si su hijo es menor de doce años, y usted se encuentra en la línea lateral con las palabras "campeón", "becas", y "fenómeno" dando vueltas alrededor de su cabeza es probable que necesite un chequeo de perspectiva.

Una de las lecciones más difíciles que tendrá que aprender es que en algún momento van a tener que decidir si quieren continuar en un deporte. Y no habrá nada que pueda hacer para hacerlos competir si ya no tienen la voluntad o el deseo.

Es un simple hecho de que todas sus horas en el coche, los miles pagados para el entrenamiento y años pasados asistiendo a los juegos y prácticas es probable que, estadísticamente, conduzcan a ninguna parte.

Pero eso no quiere decir que van a obtener el valor de la experiencia de la competencia. El deporte puede sacar lo mejor (y a veces lo peor), tanto en atletas y padres por igual.

Los valores que se enseñan y ganan en el campo atlético serán mucho más valiosos que cualquier premio; valores como la deportividad, el honor, la integridad física, el trabajo duro y el trabajo en equipo. La relación que usted desarrolla en torno a la competencia de su hijo tendrá un gran impacto en su futuro. Las decisiones que tome como padre tendrán un tremendo efecto no sólo en el desarrollo deportivo de su hijo, sino en su estado de salud, el bienestar y la ética. Seleccione sabiamente".

Después de leer detenidamente este artículo confirmamos que a veces tenemos conceptos equivocados de cómo llevar a nuestros hijos y nadadores en su desarrollo deportivo.

Cuantos nadadores no se han quedado al inicio o a mitad del camino por una presión o dirección desmesurada ya sea de parte del entrenador o de los padres.

Las buenas intenciones no siempre tienen finales felices.

"Analicemos estas recomendaciones para no llevar al fracaso el futuro deportivo de nuestros hijos o nadadores".

En sus Marcas...

10 Items que los Padres hacen en Natación que los Entrenadores no pueden Soportar
Por Wayne Goldsmith

"Un amigo cercano y uno de los gigantes del mundo del entrenamiento en natación tiene un dicho:

**"Mi idea del paraíso del entrenamiento
es un centro de natación con diez carriles,
de clase mundial, con un completo equipamiento,
gimnasio profesional de calidad
y un centro de recuperación
construidos justo al lado del mayor
orfanato del mundo"**

(y yo recalco: al lado del mayor orfanato del mundo).

¿Por qué alguien con nivel de medalla olímpica de oro, récord mundial y las credenciales de entrenamiento de nivel de campeonato del mundo habría de sentir algo tan fuerte acerca de los desafíos de trabajar con los padres en natación?

Debería ser relativamente sencillo: el entrenador entrena; los nadadores nadan, los padres educan.

Realmente no es tan complicado.

Esto no es una tesis sobre la termodinámica – son sólo tres grupos de personas que trabajan juntos para lograr un objetivo común – para ayudar a un nadador desarrollar todo su potencial.

Así que ¿por qué? tantos entrenadores le dirán que su mayor problema – el mayor desafío que enfrentan – no es encontrar espacio en la piscina o identificar el talento en los nadadores o luchar contra el mal tiempo o ser capaz de comprar el último y mejor equipamiento de entrenamiento:

¿Por qué le dirán que su mayor problema es trabajar con difíciles y, a veces, destructivos padres?

Tal vez esto podría explicarlo:

1. Hacer todo por sus hijos.

La confianza es el ingrediente esencial en todas las grandes historias de éxito en natación. La confianza viene del conocimiento: es decir, saber que puedes hacerlo. Los padres en natación piensan que están ayudando al hacer todas las pequeñas cosas por sus hijos, pero los padres que hacen y deshacen la mochila de natación de sus hijos, les hacen el desayuno, llevan su material de nadar, llenan sus botellas de agua etc.

Estan haciendo justo lo contrario de lo que hay que hacer

Están creando nadadores dependientes en lugar de jóvenes independientes y eso no va a resultar en el desarrollo de adolescentes que posean un fuerte sentido de la seguridad, confianza en sí mismos, capacidad de recuperación y autosuficiencia.

2. Insistir en entrenar a sus hijos en las áreas técnicas.

Los entrenadores entrenan. Los padres educan. Eso es todo. Es así de simple. Los entrenadores ayudan a que los nadadores se desarrollan en cosas como las habilidades físicas, habilidades técnicas, vueltas, saltos, salidas, llegadas, piernas, brazadas – todas esas cosas –. Los padres ayudan a sus hijos a aprender los valores y las virtudes, ayudan a sus hijos a desarrollar los rasgos positivos del carácter que les sostendrán durante toda su vida. Si todo el mundo se mantiene enfocado en hacer bien su trabajo – todos ganan – particularmente el nadador.

3. Escuchar a otros padres hablar sobre cuestiones técnicas.

Padres escuchando a otros padres hablando sobre cuestiones técnicas realmente molesta a los entrenadores. Por ejemplo: "Mi amiga, Susie, cuya hija nada en otro programa de entrenamiento me dijo que hacen mucha más brazada que nosotros. ¿Podemos empezar a hacer mucha más brazada? "Los entrenadores pasan años aprendiendo a escribir programas, la forma de mejorar las habilidades de natación, cómo mejorar la técnica de brazada y cómo construir un entorno de entrenamiento eficaz. A menos que "Susie" tenga las mismas habilidades, experiencia, conocimiento y compromiso con el entrenamiento, es poco probable que sus opiniones sobre cuestiones técnicas sean tan válidas como las del entrenador.

Sentados al otro lado de la piscina, observando el entrenamiento a distancia (y seamos sinceros de todos modos los padres sólo ven realmente a su propio hijo), comienzan a hacer suposiciones que aplican a todos los nadadores en todas las piscinas, es tan ridículo que es increíble que así suceda.

Sin embargo, por alguna razón, algunos padres en natación encuentran necesario escuchar los puntos de vista de personas que no tienen idea de lo que están hablando en lugar de tener fe y confianza en el altamente capacitado y experimentado entrenador profesional de sus hijos.

4. El chisme.

¿Quieres saber por qué la presencia de los padres está prohibida en muchas piscinas de todo el mundo?

— Por el Chismorreo

Los entrenadores odian esos pequeños grupos de padres de que se sientan juntos comparando la "técnica de estilo libre de Juan" a la "técnica de estilo libre de María" y luego critican al entrenador porque el niño no nada tan rápido como Michael

Phelps, aunque sólo tenga seis años de edad y entrene una vez al mes.

¿Tienes un problema con el entrenador? – haz lo correcto y habla con el entrenador – no a otros padres de natación.

5. Hablar de natación con sus hijos todo el tiempo.

A todos nos gusta este deporte. Pero es sólo un deporte. Hay películas, arte, música, política, literatura, teatro, otros deportes, el tiempo de descanso, ir a la playa, senderismo, aprender otro idioma...

El mundo está lleno de millones de experiencias maravillosas y los niños necesitan tener la oportunidad de estar expuestos a tantas como sea posible. No hay necesidad de hablar de natación todo el tiempo. Todo lo que hará será aumentar la probabilidad de que el niño se aleje del deporte llegada la adolescencia y, francamente:

Este **Sindrome Del Retiro Del Adolescente** es una epidemia mundial en natación que todos tenemos que trabajar juntos y tratar de detener.

6. Esperar mejor marca personal cada vez que su hijo nada.

Nadie hace su mejor marca cada vez que nada. Nadie. Vuelva a leer esta línea diez veces. Nadie. Los entrenadores se estremecen cuando los chavales nadan y los padres se acercan a ellos diciendo "Pepito no hizo Mejor Marca en mariposa hoy, ¿Que está mal? ¿Cuál es el problema?"

"¿El niño pudo haber hecho mejor marca en otros siete eventos, haber hecho cinco prácticas de fútbol durante la semana y tener 4 exámenes en la escuela, si no hacen mejor marca en una prueba, hay un problema? Confía en el entrenador y su trabajo.

7. La demanda de desarrollo acelerado.

Los entrenadores piensan mucho a la hora de diseñar y desarrollar sus programas, hay mucha investigación y experiencia detrás de ellos. Este concepto de vía de desarrollo a largo plazo tiene sus raíces en la educación general. Por ejemplo, los niños de 5 años de edad se introducen a las matemáticas básicas en la escuela. Cuando cumplen 8 años comienzan con divisiones. Cuando tienen 15 pueden hacer trigonometría, cálculo y geometría avanzada. Del mismo modo, hay un proceso lógico, con el propósito de desarrollar atletas que va desde el aprendizaje a poder ganar un título nacional. Los padres que tratan de forzar a los entrenadores para empujar a sus hijos al siguiente nivel de desarrollo antes de que estén listos, no están ayudando al niño.

8. Dar instrucciones de carrera a sus hijos.

Simplemente no lo hagas. No hay necesidad de hacer más comentarios sobre esto – simplemente no lo hagan.

9. Tratar a sus hijos en función de su rendimiento en natación.

Esto sucede en todas partes del mundo y por alguna razón algunos padres simplemente no lo entienden.

Si los niños ganan, quiéranlos, con todo su corazón. Si los niños pierden –quiéranlos, con todo su corazón. Si los niños hacen 10 mejores marcas – amar y apoyar incondicionalmente. Si los niños no hacen una mejor marca durante 6 meses – amor y apoyo incondicional.

¿Cómo de rápido tiene que nadar un niño para que sea tratado, hablado o querido de un modo u otro?
Cuando se trata de amar y apoyar a su hijo – sobre todo en público, entre ganar y perder no hay ninguna diferencia.

10. Tratar de hablar con el entrenador durante los entrenamientos.

Hay una muy buena razón por la que a los entrenadores no les gusta esto. Seguridad. Si un entrenador se vuelve para hablar con uno de los padres acerca "la vuelta de espalda de fulanito" o "el parcial de mariposa de menganito" y hay un problema de seguridad en la piscina, el entrenador tiene la responsabilidad legal. Dicho de otra manera, si otro padre estaba hablando con el entrenador durante el entrenamiento y eso supuso que la seguridad de tu propio hijo se vio comprometida, ¿cómo te sentirías?

Cuando los entrenadores, los nadadores y los padres trabajan juntos como socios en el rendimiento, 100% comprometidos y enfocados en ayudar al nadador a darse cuenta de todo su potencial, lo increíble no sólo es posible, sino inevitable.

"Un programa de natación positivo, constructivo y exitoso es muy posible cuando los nadadores, entrenadores y padres trabajan juntos con honestidad, respeto e integridad"

Capítulo 6

El Deporte en Tiempos de la Pandemia

Tiempos de Crisis

**"En tiempos de crisis
Solo la imaginación es más importante
que el conocimiento"**
Albert Einstein

Estamos en tiempos difíciles, no se ve el final del túnel. No tenemos certeza de cuando todo volverá a ser como antes.

Pero, se nos ha repetido muchas veces, que la vida no volverá a la "normalidad" en mucho tiempo. Hemos escuchado que tenemos que aprender a vivir con la pandemia.

Esta crisis sanitaria, que a todos nos preocupa, ha provocado el derrumbe de la vida económica. Una consecuencia de la otra.

El cierre de empresas y negocios "no esenciales" ha llevado a la quiebra a muchas empresas. Por doquier se ven anuncios de renta o venta de locales que tuvieron que cerrar por la crisis.

El deporte no ha escapado de esta situación.

Vemos que el deporte profesional ha tenido que hacer ajustes a sus normas y programas, juegos a puerta cerrada, suspensión o cancelación por las infecciones de los jugadores, entrenadores, personal de apoyo, etc. pero este sector aún cuenta con el apoyo de sus patrocinadores que les permite seguir adelante.

El gran problema está en el deporte del pueblo. Este está sufriendo las consecuencias de la crisis sanitaria.

Las escuelas, gimnasios, clubes, han sufrido grandemente, primero por el cierre de varios meses por la pandemia. Luego, cuando les permitieron abrir, solo fue con un cupo limitado que no permitía cubrir los gastos de operación.

Los grandes afectados son las personas que en ellas laboran. Los dueños de estas escuelas o clubes han tenido que seguir sufragando los gastos de pago de rentas, impuestos, insumos, personal a pesar de estar cerrados o trabajar parcialmente. En el área de los maestros, instructores y entrenadores han tenido diversas afectaciones.

Muchos tienen su actividad deportiva como un complemento de otro empleo formal. Trabajan en el sector educativo gubernamental o privado y complementan sus ingresos con el trabajo en escuelas o clubes particulares.

Estos compañeros son afectados parcialmente, pero también están sufriendo la crisis económica porque era un ingreso que complementaba su presupuesto familiar y personal.

El problema mayor lo tienen todos aquellos maestros, entrenadores y empleados que tenían su actividad deportiva como única fuente de ingresos, estos están en un punto de quiebra. Vemos con tristeza que ninguna autoridad de cualquier nivel está dando estímulos fiscales, apoyo con los impuestos, préstamos o apoyos para que los negocios y empresas del sector deportivo puedan subsistir.

Es una verdadera incongruencia que las autoridades proclaman que el deporte es vida y salud, que la actividad deportiva ayuda a mejorar las defensas del organismo ante las enfermedades, que el deporte es parte esencial en el pueblo.

Hace unos días el Ejecutivo Federal dijo: "...es importante, hablando de la salud, cuidar la alimentación, no comer comida chatarra, nutrirse bien, ejercitarse y hacer deporte"

"Ya lo hemos hablado muchas veces, es fundamental darle atención a la medicina preventiva y el deporte es medicina preventiva, entre otras cosas".

Pero una cosa es el discurso político y otra la realidad.
La estrategia del gobierno consiste en hacer canchas,

gimnasios, estadios y para ello destinan recursos millonarios, pero, oh incongruencia, la gran mayoría, si no es que todas, las instalaciones del gobierno en sus tres niveles permanecen cerradas desde hace diez meses.

¿Para qué destinar recursos, si no van a abrir sus instalaciones deportivas?

Los recursos del gobierno deberían ir al parejo en tres direcciones, uno el apoyar totalmente para combatir la pandemia a través de los servicios del sector de la salud, dos, apoyar la actividad física y deportiva como medida de prevención para combatir el contagio, y tres, apoyar al sector empresarial deportivo (no profesional) para que mantengan sus actividades abiertas y no se afecten a todos los que en ella laboran.

Cierto, la actividad física y deportiva no van a eliminar el virus del Covid, pero sí ayudarán para mejorar las defensas del organismo, es un elemento de gran importancia en la prevención de enfermedades.

Pero, una vez más, el gobierno federal y estatal prefieren apoyar con grandes recursos económicos al deporte profesional que tiene sus propios ingresos y patrocinadores que al deporte del pueblo. Apoyo a lo secundario en lugar de apoyar a las actividades primarias.

Muchas veces el cerrar los negocios es más problemático que el mantenerlos abiertos. El esquema tributario del país en lugar de apoyar incrementa los gastos financieros.

Estamos en una encrucijada. La vacuna es un paliativo, no una solución, además no es inmediato es un tratamiento a largo plazo. Si bien nos va la vacuna llegará a un buen sector de la población hasta finales del año.

¿Aguantaremos los tiempos de crisis?

Ya no digamos deportivamente, sino como una actividad la cual, para muchos, es esencial.

Ánimo, **"Esto también pasará"**

Rafael Belmonte Olivares

Daños Colaterales

Antes que nada, quiero agradecer esta nueva oportunidad de estar en este medio. Dios ha sido bueno y misericordioso conmigo. Agradecer a toda mi familia, hermanos, amigos, compañeros, colegas, alumnos, ex alumnos, la "Vieja Guardia", etc. por sus bellas palabras de aliento y oraciones en esos momentos difíciles. No ha terminado este trance, pero mientras quiero vivir agradecido. Un abrazo a todos.

Hace unos días me preguntó una persona que está en el mundo deportivo acerca de los problemas que la pandemia ha traído en los deportistas.
Han pasado casi cinco meses y la incertidumbre por la pandemia se mantiene.

Ya se han tomado algunas decisiones muy importantes en el mundo deportivo. Posposición de los JO Tokyo 2020, campeonatos mundiales, eventos internacionales, campeonatos y juegos nacionales. Todo esto hablando exclusivamente del deporte "amateur", pero ya también estamos enterados de las cancelaciones y posposiciones de los deportes profesionales.
¿Cuál ha sido el efecto en la vida del deportista?

1. El primero ha sido sobre el estado físico del atleta. Casi cinco meses sin un entrenamiento formal y planificado. Los entrenamientos que algunos han realizado de manera personal han sido solo paliativos. Trabajo de mantenimiento, sin una orientación hacia una meta fundamental.

Dijo un célebre entrenador español "un día sin entrenar es como una semana sin actividad". ¿Imagínense ahora cinco meses sin entrenar?

2. Toda la planificación anual 19-20 se fue a la borda. No se pudo concretar ningún plan, no se alcanzó ninguna meta. Al cancelarse los eventos fundamentales se vino abajo el plan anual.
Se puede considerar una temporada perdida.

3. En el desarrollo de algunos atletas en el panorama nacional e internacional las categorías de competencia son pares (9-10, 111-12, 13-14, 15-16, 17-18) generalmente se ha considerado el 2º. año de su categoría el de mayores posibilidades, (mejores tiempos, lugares, campeonatos, selecciones, etc.), debido al propio crecimiento.

Este año todos aquellos que tenían contemplado sus mejores resultados en el 2020 han perdido la oportunidad de lograr sus metas.

Así algunos han perdido campeonatos, records, selecciones, nominaciones a becas y reconocimientos.
Este año lo han perdido y no hay vuelta atrás.

4. Al parecer las autoridades de la **CONADE** han decidido cancelar los Juegos Nacionales, versión 2020 de la Olimpiada Nacional. La situación no ha favorecido su realización.

Esto significa que los deportistas, entrenadores e Institutos no tendrán resultados que avalen el otorgamiento de las becas y estímulos. Una pérdida más para el atleta.

5. También la **FMN** después de la posposición de los **JO** que era la meta fundamental del cuatrienio parece que ha determinado cancelar la temporada de curso largo 2020. Estamos en espera de la confirmación. Parece que se está ya trabajando con la temporada de curso corto.

Aunque en algunos lugares del país ya están abiertas las albercas y clubes, aún hay muchos otros lugares donde el se-

Rafael Belmonte Olivares

máforo rojo tiene cerradas las instalaciones y los nadadores no han podido reanudar sus entrenamientos.

Entre otros estos son las principales afectaciones que la pandemia ha traído en los atletas.

Un año perdido. Un año que no volverá.

Pero creemos que todo tiene un propósito.
Y esperamos que **esto también pasará.**

**¡Nunca dejes de tener esperanza,
todos los días suceden milagros!**

Cambios en el Deporte durante la Pandemia

**"El secreto del cambio
es enfocar toda tu energía
no en la lucha contra lo viejo,
sino en la construcción de lo nuevo"**
Sócrates.

La pandemia vino a cambiar nuestra manera de vivir.

El ser humano por lo general tiene temor a los cambios y piensa que esto o lo otro no es normal, sin embargo, en los últimos 20 años, el mundo como lo conocíamos ha cambiado.

"Aceptémoslo, el estilo de vida que conocíamos no va a volver nunca", publicó el MIT Tecnology.

La Organización Mundial de la Salud ha insistido en que deben prevalecer las medidas sanitarias en los países afectados cinco meses después y las consecuencias prevalecerán varios años después de los brotes.

Por lo tanto, las normas sociales, nuestra manera de vivir en general deberán cambiar drásticamente, sin duda viviremos en un mundo diferente, ya nada será igual, incluso el deporte.

El mundo entero ha cambiado, el deporte ha cambiado, la pregunta es: ¿estamos nosotros listos para el cambio?

Entre otros aspectos en que el deportista está haciendo cambios en su vida están los siguientes:

• El ejercicio en casa. Muchas personas y atletas han decidido permanecer en casa. Pero permanece el deseo de ejercitarse para disminuir los efectos nocivos de la cuarentena. Los que no quieren salir de casa y permanecen en cuarentena ahora cuidan más su salud haciendo ejercicio en el hogar.

Esta ejercitación la hacen siguiendo instrucciones de programas virtuales o de una manera autodidacta.

Nunca será igual el trabajo en casa que el de los gimnasios, canchas o albercas, pero, poco, siempre será mejor que nada.

• Alimentación. Hemos estado recibiendo información importante acerca de los cambios que hay que hacer en nuestra alimentación diaria. Si permanecemos en casa o hacemos ejercicio moderado nuestro requerimiento calórico será menor, por lo tanto, debemos ajustar nuestra ingesta.

Según un estudio, un 26% de la población deportista asegura que su dieta empeoró durante la cuarentena, frente a un 18% de los no deportistas que consideran que su alimentación cambió a peor.

Otro estudio dice, que el 66% de los aficionados al deporte cambia su dieta de forma autodidacta, sin asesoramiento profesional. Y que un 49% toma decisiones a través de la información obtenida por la prensa, redes sociales o internet, un 11% recurre a los consejos de amigos o familiares y un 6% utiliza una app, frente a un 29% que se deja guiar por un nutricionista o dietista.

• Educación. Las disposiciones de las autoridades educativas de todos los niveles han determinado que el sistema educativo, mientras dure la pandemia, será en línea. En el próximo año, probablemente, la educación vuelva a ser presencial u opcional. Eso será un factor muy importante para el entrenamiento de los deportistas. En cierto sentido, la carga académica ha disminuido y eso facilitará el entrenamiento deportivo.

La semana pasada mencionaba que uno de los problemas del abandono del deportista es la falta de coordinación entre la escuela y el deporte, pero ahora la educación en línea puede favorecer en cierta manera al atleta.

La educación on line, llegó para quedarse.

• Los eventos deportivos. La gran mayoría de los deportes profesionales se adaptaron y modificaron masivamente sus respectivos calendarios.

Muchos deportes estarán realizando sus eventos casi sin espectadores. La pandemia ha acabado con los eventos masivos. Habrá deportes espectáculo con asistencia de espectadores muy restringida.

Esto por supuesto afectará en grande la economía, ya que el deporte profesional y también el amateur (si es que este sigue existiendo) verán limitados su participación y audiencia, reduciendo considerablemente los ingresos.

Por lo tanto, uno de los cambios será, eventos pequeños o con número reducido de participantes y espectadores.

Los organismos deportivos habrán de buscar alternativas para mantener el show.

• La vida familiar. La situación global inicialmente nos dejó sin deportes por un buen tiempo, aunque nos enseñó a valorar los pequeños detalles como descubrir nuevos hobbies, compartir en familia, entre otras actividades.

La cuarentena nos ha enseñado a convivir más tiempo con la familia, compartir tiempos en los alimentos, participar apoyándose en las tareas educativas, etc.

• Las actividades deportivas. Una gran cantidad de personas, de todas las edades estaban acostumbrados a las diferentes modalidades de la actividad física, ahora la gente en general, y los atletas en particular, son puestos a prueba en su capacidad de adaptación y supervivencia.

Los clubes, equipos, gimnasios, albercas, ligas, etc. deben reinventarse de tal manera que puedan cumplir con los protocolos de seguridad, sanidad y protección de sus usuarios, solo así estos se motivarán para volver a las actividades de manera controlada. Deberán cambiar sus programas, servicios, sistemas de enseñanza y entrenamiento, todo ello de acuerdo a las normas nuevas.

Rafael Belmonte Olivares

Las organizaciones deportivas que no se adapten al cambio tendrán a desaparecer. Y el amante del deporte y la actividad física tendrá que adaptarse a los cambios.

Dijo el genio Stephen Hawking:

**"La inteligencia
es la habilidad de adaptarse al cambio"**

Debemos adaptarnos a los nuevos tiempos y salir vencedores en este partido por la vida.

Incongruencias

"La felicidad sucede cuando lo que piensas, lo que dices y lo que haces están en armonía"
Mahatma Gandhi.

En estos tiempos parece que vivimos en el mundo de la fantasía. El mundo de Disney.

Solo eso explicaría las situaciones que estamos viviendo en el país.

Estamos en plena pandemia.

La mayoría vivimos encerrados esperando que todo esto termine para volver a nuestras actividades habituales.

Pero, cada día, se incrementa el problema.

Más contagiados, más decesos, más restricciones, etc.

Sin embargo, a muchos parece que aún "no les cae el veinte".

Siguen negando la situación, se rebelan a acatar las disposiciones y toman acciones que hacen que aumentan el problema.

Para las autoridades de todos los niveles de gobierno en estos momentos de pandemia debieran atender dos rubros que están impactando mayormente al pueblo, la salud y la economía.

En el área de la salud la maestra Carla Siles nos comparte la siguiente información:

Cuando llegó el Covid a México había ya:
31 millones de hipertensos.
25 millones de fumadores.
12 millones de diabéticos.
Millones de gente en depresión.

Somos el segundo lugar en obesidad mundial y la gran mayoría de los casos de Covid-19 que se complicaron fueron personas con este tipo de padecimientos.

¿Aún creen que los gimnasios y el deporte son una actividad recreativa y de diversión?

Las autoridades en su clasificación para la reapertura de negocios y empresas han clasificado a los centros deportivos, gimnasios y alberca en el mismo nivel de bares y antros y todo el entorno de diversión, cuando en realidad el deporte es una actividad formadora, instruccional, promotora nos solo de habilidades físicas y deportivas sino también promueve y desarrolla ampliamente el tema de la salud física y mental.

Habría menos obesidad y problemas de adicciones si hubiera más centros deportivos que cantinas.

Pero, inténtelo y verá que es más fácil abrir un antro que una alberca o gimnasio.

No podemos entender que estamos más preocupados por el desabasto de cerveza que porque están cerrados los gimnasios, albercas y centros deportivos.

En el Plan nacional de Salud se enuncia que la promoción y desarrollo de las actividades físicas y deportivas es un derecho del pueblo.

Pero una cosa es el pensamiento y otra es la acción.

**"Existen dos causas
que producen todas las confusiones,
no decir lo que pensamos
y no hacer lo que decimos"**

En el área de la economía que está afectando a millones de negocios y empresas las autoridades han dado prioridad a la apertura de los negocios llamados esenciales.

Según el criterio de las autoridades es esencial abrir las fábricas de autopartes automotrices y maquiladoras que los centros de actividad física.

Como mencioné anteriormente los gimnasios, centros y clubes deportivos, albercas, clubes han sido ubicados en el nivel cuatro, junto a los bares y cantinas.

No han considerado que miles de empleos se están perdiendo en este renglón de las actividades físicas.

En sus Marcas...

Vemos con envidia que en el vecino país del norte el gobierno destinó 1.5 millones de dólares para apoyar a 317 clubes y equipos de natación del país recursos que fueron destinados al mantenimiento y gastos generales de sus albercas.

Aquí, con tristeza vemos que no hay apoyos para pagos de rentas, luz, impuestos, mantenimiento, empleados, maestros, proveedores.

Al contrario, debemos pagar en tiempo y forma todas nuestras obligaciones no importando que clubes, centros, albercas, gimnasios, tengan ya más de dos meses sin ingresos.

Por otro lado, los padres prefieren gastar en un costoso celular, tablet, ipod, video juegos para que se entretengan y dejen de molestar sus hijos que en apoyar las clases de alguna actividad deportiva.

Se nos hace muy caro pagar una mensualidad del club o gimnasio de $ 500 a $ 1,000, pero no comprarles un celular de $ 5,000 a $ 20,000.

¡Que alguien me explique!
Algo está mal en este país.
Se les olvida que hacer deporte es promover la salud.
El deporte en muchos casos no es un pasatiempo, es un estilo de vida.

Así que recordemos a Confucio:

"Si ya sabes lo que tienes que hacer y no lo haces, entonces estás peor que antes"

Rafael Belmonte Olivares

¿Por qué Nadar después de la Pandemia?

**"Vivir es tomar decisiones
y asumir las consecuencias"**
Paulo Coelho

Les comparto una información que tengo en mi bandeja que espero sea de utilidad en estos tiempos de pandemia.

Uno de los interrogantes que nos hacíamos en los días de la pandemia: ¿era bueno hacer algún ejercicio o actividad física? ¿podemos nadar es tiempos de pandemia.

Se comentó varias veces que la natación es una de las disciplinas deportivas que además de que no son trasmisoras de los virus ayudaban a incrementar nuestras defensas ante los contagios.

Después de la pandemia muchos quedamos muy afectados en nuestro sistema respiratorio, en la locomoción, nuestra vida emocional y en muchos otros aspectos más.

Por eso hoy quiero mencionarles algunos de los beneficios que pueden tener si deciden nadar después de la pandemia, ya sea que haya sido afectado o no por el virus.

1. Nadar es un deporte perfecto para cada tipo de personalidad. Si eres un nadador sociable, que disfruta reunirse y hablar con los amigos, éste es tu deporte. Y si por el contrario eres un nadador independiente que busca desconectar y centrarse en su ejercicio de forma individual, éste también es tu deporte.

2. Puedes elegir entre una gran variedad de ejercicios como para no aburrirte. Aqua-jogging, sprint, aquaeróbic, ejercicios de acondicionamiento físico; caminata, etc. cada sesión puede ser diferente, lo que te permite vencer el aburrimiento y mantenerte motivado.

3. Te permite adaptar tus ejercicios al nivel que desees, ya sea natación intensa o suave. Es un deporte perfecto tanto para nadadores competitivos como para principiantes.

4. Estar sumergido en el agua reduce tus niveles de estrés y es ideal para relajarte, escapar de la realidad o desconectarte del mundo.

5. Un deporte de bajo impacto. La natación es muy recomendable para las articulaciones, lo que la convierte en una actividad apta para todas las edades, etapas de la vida y condiciones físicas.

6. La natación libera endorfinas en el torrente sanguíneo, la popularmente conocida como la hormona de la felicidad. Tras una sesión de natación notarás, de forma natural, un bienestar físico y mental.

7. Con la natación trabajas prácticamente todos los músculos de tu cuerpo. De hecho, media hora de entrenamiento en estilo libre a un ritmo medio quema hasta 255 calorías.

8. Puedes practicar este deporte en cualquier época del año. No tienes porqué pasar frío para estar en forma en invierno. Simplemente nada en la piscina cubierta más cercana y podrás disfrutar de una sesión de ejercicios en agua cálida y relajante.

9. ¡Puede salvarte la vida!

10. La destreza que adquieres con la natación te abre la puerta para practicar un sinfín de emocionantes deportes acuáticos como el surf, el buceo y el esquí acuático.

11. Es divertido para toda la familia, pueden participar desde bebés hasta personas mayores. La natación es una actividad social para todos los grupos de edades.

12. Puedes nadar en cualquier lugar donde haya una piscina, en el mar o un lago, por lo que es una estupenda manera de mantenerse en forma durante tus vacaciones.

13. Es un entrenamiento integral y completo para tu cuerpo.

14. Puedes focalizarte en zonas problemáticas con entrenamientos y técnicas específicas como pull buoys (ejercicio ideal para trabajar los brazos) y trabajo con tabla (ideal para trabajar las piernas).

15. Es perfecto para mantener una buena condición física durante el embarazo y recuperar la forma tras el nacimiento.
16. La práctica constante de la natación ayuda a mejorar su sistema respiratorio que se vio afectado durante la pandemia. Es el mejor medio para mejorar la recuperación de tus sistemas cardio-vasculares".

Así que ahora ya lo sabes, incursiona en el bello deporte de la natación, es ideal para todas las edades, desde bebés hasta adultos mayores.
Después de la pandemia, la natación es una de las actividades físicas que están indicadas, guardando todas las medidas de seguridad y salud puedes seguir practicando tu deporte favorito.
Busca tu alberca preferida y empieza a practicar la natación.
La natación es un estilo de vida.

Y recuerda:

**"Nunca bases tus decisiones de vida
en los consejos de las personas
que no tienen que lidiar con los resultados"**

Beneficios del Deporte después del Covid

"La salud no lo es todo, pero sin ella, todo lo demás es nada"

La aparición de la pandemia del coronavirus ha causado una alteración de nuestra vida diaria. Nos preguntamos qué podemos, y qué no podemos hacer después de haber sufrido el Covid.

Haber sufrido esta enfermedad causa gran deterioro en nuestra salud.

Cuando, gracias a Dios, salimos adelante de la enfermedad nuestro organismo queda disminuido en gran manera. Muchas veces hasta caminar nos significa un gran esfuerzo, ya no se diga el hacer una actividad que requiera esfuerzo físico.

Sin embargo, numerosos estudios han avalado que la práctica de la actividad física y el deporte después de salir del COVID tienen importantes beneficios para recuperar nuestra salud.

La actividad física tiene el potencial de reducir la gravedad de las infecciones por COVID-19.

Claro está, nos estamos refiriendo a la práctica del ejercicio moderado.

El retomar la actividad física ¿Qué beneficios nos puede traer?

Entre muchos beneficios que tiene la práctica física y deportiva hoy quiero enfatizar algunos de aquellos que los especialistas e investigadores han detectado.

Ayuda grandemente ante la depresión.

El miedo derivado de haber sufrido en la pandemia nos lleva a un estado de ansiedad, de depresión, de stress, de angustia, pero la práctica de la actividad física o deportiva nos ayuda a disminuir todas estas afectaciones.

El estar activo puede ser un antídoto parcial para el estrés de la pandemia.

El ejercicio físico es un antidepresivo natural, ya que genera altos niveles de dopamina durante su practica.

Por tanto, el ejercicio nos ayudará a mantenernos positivos psicológicamente. Actuará como "vacuna" ante los estados de ansiedad/depresión.

Ayuda al sistema cardiovascular.

Encuestas realizadas en todo el mundo estiman que hasta un 16% de los pacientes con covid-19 tienen algún tipo de complicación cardíaca.

El daño al corazón no depende del grado de la enfermedad, incluso los cuadros más leves pueden dañar el sistema cardiovascular.

En el músculo cardíaco, el Sars-CoV-2, el virus responsable de la pandemia actual, tiene una acción directa e indirecta.

Pero los beneficios del ejercicio moderado se han mostrado muy eficaces para mejorar la salud cardiovascular.

Sin duda un buen funcionamiento del sistema cardiovascular nos ayudará a prevenir patologías en circunstancias normales, y más aún con el coronavirus, que tiene como una de sus complicaciones graves las trombosis venosas.

Beneficia en la capacidad pulmonar

La práctica de ejercicio moderado ayuda indudablemente la mejoría de la capacidad aeróbica.

Sabemos que el Covid-19 puede derivar en neumonías, que en estados avanzados pueden producir fibrosis pulmonares que dejaran secuelas pulmonares en el paciente.

Pero el realizar una actividad física o un deporte ayuda a mejorar la capacidad pulmonar de las personas.

Sirve para reducir y controlar el sobrepeso:

Las personas con sobrepeso son más proclives a tener problemas cardiovasculares.

En sus Marcas...

El nadar o hacer alguna otra actividad física contribuye a tener un peso saludable.

En la atención a enfermos de Covid 19, se ha detectado una predilección de este virus por los individuos con sobrepeso, así como por los diabéticos, es por eso que controlar y bajar de peso a través del ejercicio físico es altamente recomendable.

Si la actividad física o deportiva se realiza de una manera sistemática y controlada puede ayudar a bajar de peso, reduciendo de esta manera los riesgos de la enfermedad.

Aumenta las defensas del organismo:

En resumen, los especialistas recomiendan la práctica moderada de una actividad física o deportiva ya que esta ayuda a mejorar nuestros sistemas y funciones, también mejora la salud ósea y funcional.

Reduce el riesgo de caídas y de fracturas vertebrales o de cadera; y es fundamental para el equilibrio energético.

Reduce el riesgo de hipertensión, enfermedades coronarias, accidentes cerebrovasculares, diabetes, mejora la movilidad articular y muscular.

Estar físicamente activo tiene importantes beneficios para la salud mental y física.

La actividad física ya es casi universalmente recomendada y hay mucha evidencia de que la actividad física podría contribuir tanto a reducir la gravedad de las afectaciones provocadas por el COVID-19, como a mejorar la calidad de vida antes y después de la infección.

No nos olvidemos, **"mens sana in corpore sano"**

Así que le recomendamos que después de haber sido dado de alta del COVID, y cuando su médico se lo autorice, de manera moderada reinicie la actividad física y deportiva.

Su organismo se lo agradecerá.

Rafael Belmonte Olivares

Innovaciones en el Deporte

**"La inteligencia
es la habilidad de adaptarse al cambio"**
Stephen Hawking.

La pandemia ha traído muchos cambios en nuestra manera de vivir. Sus efectos alcanzan la vida personal, familiar, laboral, profesional, sentimental, espiritual, etc.
El deporte también se ha visto afectado en gran manera durante estos siete meses de cuarentena. Ha habido muchas restricciones para volver a la actividad deportiva, amateur y profesional. Se han limitado grandemente los eventos presenciales y con espectadores.

Han sido muchos meses de suspensión. Miles de torneos y competencias de todo tipo han sido cancelados a lo largo de todo el mundo.
Pero la vida tiene que seguir. Y las organizaciones e instituciones deportivas han tenido que innovar en sus eventos y torneos.
Unos de los cambios que se han tenido que hacer es la organización de eventos virtuales, torneos on line.
Esta modalidad ya se había practicado en años anteriores, pero de una manera muy limitada y ocasional y la pandemia los vino a popularizar.

Gerardo Werthein, Presidente del Comité Olímpico Argentino y miembro del COI, dijo en una conferencia que los años que vienen van a ser muy difíciles, que habrá que cuidar el gasto, hay que eficientar los recursos, no va a haber mucho dinero para la preparación de los atletas, para los eventos de preparación, por lo tanto, hay que tener mucha creatividad para generar competencias presenciales y virtuales.
Ahora, cuando muchos deportistas no pueden salir de casa, no pueden viajar, cuando hay pocos recursos, hay que ser creativos.

Es por eso que se están popularizando los eventos virtuales.

Una variable de los video games, pero ahora con jugadores "de verdad".

En esta modalidad, los atletas pueden participar desde sus casas, desde sus gimnasios, albercas, salones, lagunas, ríos, etc.

Se convoca a un evento, los atletas se registran, desarrollan su prueba desde su lugar de origen, toman evidencia digital y la envían para registrar los resultados y la premiación.

Este tipo de eventos virtuales está basado en la integridad y honestidad de todos los participantes, atletas, entrenadores, dirigentes y padres.

En las crónicas de este tipo de organización ya se han registrado algunos visos de trampas en su realización, como reportes de tiempos y distancias amañados, alteración de los parámetros de competencia, falsa información de los participantes, implementos de competencia fuera de la norma y otras cosas más, todo esto hace que el resultado sea engañoso, se considera un "doping virtual".

Entre los deportes que ya han incursionado en los torneos virtuales están entre otros, el levantamiento de pesas, ajedrez, gimnasia, ciclismo, triatlón, tiro con arco, tae kwon do y natación.

En nuestro deporte específicamente, la natación, ya hay torneos virtuales de invitación en el programa de este año. Ante la falta de eventos oficiales presenciales, se están organizando competencias on line.

El propósito de estos eventos virtuales es mantener las condiciones físicas y mentales de los atletas, entrenar con un objetivo, prepararse para los futuros eventos oficiales, mantener al atleta motivado, abaratar costos de participación.

Es una alternativa que la pandemia y la cuarentena han provocado.

En este tiempo hay que renovarse o morir.
Dijo Charles Darwin:

Rafael Belmonte Olivares

**"No es la más fuerte de las especies
la que sobrevive, ni la más inteligente,
sino la que mejor se adapta a los cambios"**

Vemos en los medios como grandes eventos como la Super League de Triatlón en Rotterdam, el Madrid Open Virtual Pro tenis, el Virtual Challenge (carrera) han innovado sus deportes.

Para la organización de los eventos virtuales muchos están usando plataformas como Zwift con trasmisiones en You Tube, estos medios reproducen escenarios, simulan rutas, llevan pantallas para seguir el desarrollo del evento, con tribunas y público virtual. Los atletas compiten en sus gym, albercas, bici estacionaria, pistas, etc. y al final se dan los resultados y se hace una premiación a distancia.

En el futbol mexicano la liga MX organizó un torneo de futbol, un torneo virtual, donde futbolistas profesionales manejaban los controles, con narración incluida. Los espectadores podían seguir en los medios los juegos. Hay que decir que este torneo virtual tuvo una alta audiencia.

Lo importante de todo esto es que no hay que dejarse vencer por la adversidad. Hay que seguir adelante.

**"La mayoría de las veces
no necesitas un camino nuevo,
sino una nueva forma de caminar"**

¿Nos estamos adaptando al cambio?

En sus Marcas...

Tendencias Deportivas en la Pandemia

"La innovación es lo que distingue al líder de los demás"
Steve Jobs

La pandemia provocada por el Covid-19 ha traído muchos cambios en nuestra vida diaria. Cambios algunos muy importantes en la salud, la economía, la educación, el empleo y otros en áreas si no de primera línea, si importantes.

En lo que nos ocupa, la actividad física y el deporte, tanto el todavía llamado amateur, quizá debiera decir del pueblo, como en el deporte profesional se han visto algunas inclinaciones, propensiones, tendencias para su organización y desarrollo.

Hoy estaremos comentando hacia dónde va en estos tiempos de pandemia, el deporte, en todos sus niveles.

Entre otras, principalmente estas tendencias se han notado en los siguientes puntos.

1. Como el Home Office. Entiéndase el trabajo desde casa, ahora la educación, capacitación y mejoramiento profesional de los maestros y entrenadores deportivos se está dando por medios virtuales. Los cursos, clínicas, congresos, academias, etc. se están impartiendo principalmente a distancia, por los medios on line, usando diversas plataformas. Los cursos presenciales han quedado atrás, aunque no se han descartado totalmente. Por ejemplo, la ASCA (American Swimming Coaches Association) está promoviendo su Clínica Mundial de Entrenadores en Orlando, Florida; USA en el mes de septiembre. El año 2020 se canceló la reunión presencial y solo se realizó en línea, este año la ASCA retoma la Clínica de manera presencial.

2. Home Training. Al igual que la capacitación para los maestros y entrenadores, los deportistas, impedidos de asistir a los centros de entrenamientos, ya sea por las restricciones y el "quédate en casa" o porque las instalaciones siguen cerradas, han tenido que implementar sus programas de entrenamiento en casa. Se las han tenido que ingeniar para usar implementos caseros y espacios en sus hogares. Nunca será lo mismo que el trabajo en sus clubes y centros deportivos, pero siempre algo es mejor que nada. La improvisación como recurso es muy importante.

3. Eventos Virtuales. A medida que la pandemia lo está permitiendo, por la disminución de las infecciones del virus y por la reanudación gradual de la actividad deportiva, se están realizando eventos deportivos virtuales, (en una colaboración del mes de octubre del 2020, comentaba acerca de la organización de los eventos deportivos de manera virtual en muchas disciplinas).Taekwondo, lucha, ciclismo, ajedrez, triatlón, tenis, gimnasia, natación y muchos deportes más desarrollaron sus eventos virtuales como una variante para mantener motivados y en acción a los deportistas. En diciembre 2020, el Club Acuario fue parte de la innovación al organizar y realizar el **FESTIVAL ACUARIO VIRTUAL** con la participación de 200 nadadores de 20 equipos de varios Estados del país. Ahora en el 2021 nos preparamos para volver a innovar con un evento dual, en las modalidades Presencial y Virtual, el **XXIX TORNEO "ALVARO ARMAS"** está programado para el mes de mayo. Esperamos más de 400 nadadores en ambas modalidades. Innovar para mejorar.

4. Puertas cerradas. Esta tendencia se está dando sobre todo en el deporte profesional y en los grandes eventos de clase mundial. Los Juegos Olímpicos de Tokio en julio 2021 se realizarán casi a puertas cerradas, no se permitirá la presencia de público extranjero en todos los eventos olímpicos. En las ligas profesionales de futbol de todo el mundo muchos de sus juegos se están llevando a cabo sin espectadores. Últimamente se han disminuido un poco las restricciones y se ha permitido desde un 30 a un 50% del aforo de los estadios. Así ha pasado en el béisbol de las Ligas Mayores, en el futbol americano de la NFL, en los juegos de basquetbol de la NBA, en el tenis de Gran Slam, etc.

5. Mercadotecnia en el deporte. Las restricciones de medidas sanitarias y de protección que han impedido el acceso de los espectadores en los eventos deportivos también han limitado en gran manera el ingreso de recursos económicos para solventar la organización deportiva. Los ingresos por el acceso a los estadios han disminuido grandemente poniendo en apuros administrativos a las corporaciones deportivas ya que estas constituyen una fuente importante en los ingresos. Ahora la tendencia es buscar patrocinio de las empresas, negocios, medios, para cubrir esta carencia. Es este patrocinio el que ha permitido seguir adelante con los eventos a pesar de no haber espectadores. Los organizadores de eventos deportivos están dirigiendo sus miras en este punto.

El deporte en todos sus niveles, a pesar de la pandemia, sigue adelante.

Capítulo 7

Capacitación

La Importancia de la Capacitación

"Es imposible aprender lo que uno piensa que ya sabe"

Estamos en la fase final de la organización y recepción de participantes de la **CLÍNICA INTERNACIONAL DE NATACIÓN 2022.**

Después de la pandemia es una gran tarea el organizar un evento de capacitación de instructores, maestros y entrenadores.

Pero la respuesta ha sido excelente, se han inscrito maestros de muchos Estados del país y también del extranjero. Tenemos inscritos de Costa Rica, Uruguay, Chile, República Dominicana y Colombia y de muchas escuelas y clubes de México.

Se estarán dando las conferencias en dos modalidades: Presencial y Virtual. Todo un tema de tecnología y medios electrónicos.

Muchos entrenadores no se preocupan y ocupan de su capacitación. Piensan que lo que aprendieron en las escuelas, institutos y facultades es suficiente. No consideran que vivimos en un mundo cambiante, que la ciencia, la tecnología y los métodos se renuevan día a día y lo que aprendimos en las aulas pronto se vuelve obsoleto.

Parafraseando a John Dewey podemos decir:

"Si enseñamos y entrenamos a los nadadores de hoy como les enseñábamos y entrenamos ayer, les estamos robando el mañana"

Rafael Belmonte Olivares

Tenemos que estar al día. Un lema del antiguo SICCED que implementó la CONADE decía:

**"Nuestros deportistas
merecen un entrenador
capacitado y certificado"**

Desafortunadamente los esfuerzos en la capacitación y actualización de los maestros, instructores, entrenadores y dirigentes en nuestro país la mayoría de las veces se da por medio de la iniciativa privada. Son los clubes y organizaciones los que se encargan de la capacitación y profesionalización de los técnicos de las disciplinas acuáticas.

El original SICCED (Sistema de capacitación y certificación de entrenadores deportivos) dependiente de la CONADE se realiza por organizaciones particulares y ya no es promovida de manera sistemática por la Institución que lo creó.

La FMN (Federación Mexicana de Natación) hace mucho dejó de ocuparse de la capacitación de sus entrenadores. La Clínica que organizaba cada año ha desaparecido de sus planes y programas, ahora solo organizan eventos.

El problema de la capacitación no es solo de las autoridades, ni solamente de las federaciones, asociaciones y clubes, debe ser también prioridad e interés de cada maestro, de cada entrenador, de cada director de una escuela o club.

Muchos piensan que la organización de congresos y clínica es un gran negocio. Ilusos. No saben que hablan porque nunca han organizado un evento de tal magnitud.

La capacitación cuesta, y la educación de alto nivel cuesta más, por eso muy pocos quieren invertir en su preparación. Se les olvida que :

**"El precio de la educación
se paga una sola vez,
pero el precio de la ignorancia,
se paga toda la vida"**

En sus Marcas...

La capacitación cuesta, y muy pocos quieren pagar el precio.
Decía Derek Bok, Ex Rector de Harvard University;

**"Si crees que la formación es cara...
prueba con la ignorancia"**

La capacitación continua nos permite innovar, mejorar, perfeccionar y probar nuevos aprendizajes.

Y no se trata de buscar títulos, diplomas o certificados, se trata de ser mejores en nuestra profesión cada día.

**"Lo importante no es saberlo todo,
sino saber todo lo importante"**

Por eso la capacitación continua forma parte de nuestras prioridades.

Vemos que muchos maestros y entrenadores tienen 10, 20, 30 años de trabajo, pero siguen haciendo siempre lo mismo que cuando empezaron.

A pesar de la resistencia, de la indiferencia y de la apatía de muchos profesionales de la enseñanza de la natación seguiremos, mientras Dios lo permita, adelante.

Es por eso la iniciática de reunir a Ponentes de Nivel Internacional, de los mejores en el mundo en nuestra especialidad para que impartan este evento.

La mesa esta puesta, el gran banquete se ha preparado, la participación es opcional, la decisión es de cada técnico y maestro.

Debemos estar siempre preparados, capacitados para ofrecer lo mejor de nosotros a nuestros alumnos, a nuestros usuarios.

Un principio al respecto dice:

**"La capacitacon
no te asegura el triunfo,
pero la falta de capacitación
si te asegura el fracaso"**

Rafael Belmonte Olivares

Es por eso que para muchos clubes e instituciones la formación y la capacitación de sus cuadros técnicos: instructores, maestros, entrenadores y dirigentes debe ser parte de sus prioridades.

Por eso la premisa que enunciamos:

**"Si te atreves a enseñar,
no dejes de aprender"**

Capacitación Contínua

**"El ignorante critica
porque cree saberlo todo,
en tanto que el sabio respeta
porque reconoce
que puede aprender algo nuevo"**

Del 4 al 10 de septiembre se llevará a cabo la
CLÍNICA MUNDIAL DE ENTRENADORES DE NATACIÓN (ASCA WORLD CLINIC).

Este evento tendrá lugar en Anaheim, Cal. y tendrá especial relevancia porque se estarán celebrando los 60 años de haberse fundado la ASCA (American Swimming Coaches Association) y los 50 años de realizarse la Clínica Mundial.

La ASCA tiene actualmente más de 11,500 miembros en todo el mundo.

A la Clínica Mundial que se realiza anualmente asisten más de 1500 entrenadores de 30 países. Participan más de 30 conferencistas de nivel olímpico y mundial y alrededor de 100 proveedores de equipo, implementos, insumos, tecnología, educación, sistemas y otros medios que se utilizan en los deportes acuáticos.

Bien decía Alejandro Jodorowsky:

**"Un hombre sabio
es aquel que aprende algo de cada persona"**

Muchos entrenadores no se preocupan y ocupan de su capacitación. Piensan que lo que aprendieron en las escuelas, institutos y facultades es suficiente. No consideran que vivimos en un mundo cambiante, que la ciencia, la tecnología y los métodos se renuevan día a día y lo que aprendimos en las aulas pronto se vuelve obsoleto.

Rafael Belmonte Olivares

Parafraseando a John Dewey podemos decir:

**"Si entrenamos a los nadadores de hoy
como les entrenamos ayer,
les estamos robando el mañana"**

Tenemos que estar al día. Un lema del antiguo SICCED que implementó la CONADE decía:

**"Nuestros deportistas
merecen un entrenador
capacitado y certificado"**

Desafortunadamente los esfuerzos en la capacitación y actualización de los maestros, instructores, entrenadores y dirigentes en nuestro país la mayoría de las veces se da por medio de la iniciativa privada. Son los clubes y organizaciones los que se encargan de la capacitación y profesionalización de los técnicos de las disciplinas acuáticas.

Por ejemplo, en León, Guanajuato se llevará a cabo en el mes de septiembre una Clínica de Entrenadores de Nivel Internacional.

Es el evento de capacitación más grande que se realiza en México.

Por nuestra parte, por más de 30 años, el Club de Natación Acuario ha venido realizando esfuerzos en la capacitación de los entrenadores. Hemos traído entrenadores y maestros de muchos países para impartir sus enseñanzas. España, Argentina, Brasil, España, Argentina, Colombia, Cuba, República Dominicana, Uruguay, Estados Unidos, Cuba y México han estado presente en nuestros eventos.

El SICCED (Sistema de capacitación y certificación de entrenadores deportivos) ya no tiene la relevancia de cuando fue creado. Cada gobierno trae nuevos y diferentes sistemas educativos y desaparecen los que ya funcionaban. Se reinventa la educación en cada ciclo de gobierno.

La FMN (Federación Mexicana de Natación) hace mucho dejó de ocuparse de la capacitación de sus entrenadores. La Clínica que organizaba cada año ha desaparecido de sus planes y programas.

Muchos piensan que la organización de congresos y clínica es un gran negocio. Ilusos. No saben de que hablan porque nunca han organizado un evento de tal magnitud.

La capacitación cuesta y la educación de alto nivel cuesta más, por eso muy pocos quieren invertir en su preparación. Se les olvida que

> **"El precio de la educación**
> **se paga una sola vez,**
> **pero el precio de la ignorancia,**
> **se paga toda la vida"**

La actualización de nuestros métodos, sistemas y medios que usamos en la enseñanza, el entrenamiento, la planificación y la organización de nuestra disciplina debe ser una de nuestras premisas.

La capacitación continua nos ha permitido innovar, mejorar, perfeccionar y probar nuevos aprendizajes.

Por eso la capacitación forma parte de nuestras prioridades.

Para terminar, una frase que nos invita a reflexionar:

> **"Si no sabes te enseño,**
> **si no puedes te ayudo,**
> **pero... si no quieres,**
> **nada puedo hacer por ti"**

Rafael Belmonte Olivares

Afila El Hacha

**"El principal objetivo de la educación
es criar personas capaces
de hacer cosas nuevas y no solamente
repetir lo que otras generaciones hicieron"**
Jean Piaget

Esta semana quiero compartir un cuento que leí hace un buen tiempo y me parece que es para reflexionar en estos tiempos de encierro.

Durante toda esta pandemia, ya tiene más de cinco meses, en que los técnicos, maestros, entrenadores, instructores y monitores hemos permanecido encerrados, hemos tenido oportunidad de ver, leer, participar y aprender de muchas conferencias, foros, congresos, charlas con muy destacados entrenadores, maestros, dirigentes, científicos e investigadores.

Los temas han sido variados, desde técnica deportiva, sistemas de entrenamiento, organización, psicología en el deporte, medicina, rehabilitación, mercadotecnia, nuevos métodos y sistemas de enseñanza, experiencias personales, proyectos, etc.

Todo ello nos ha ayudado para reafirmar, actualizar y mejorar nuestros conocimientos.

Me gusta recordar una de las frases de mi Juramento Profesional: **"Ten tu ciencia al día"**.

Es decir que lo aprendido en las aulas no lo es todo, ha sido solo el inicio de nuestra formación y tenemos que continuar aprendiendo y confrontando lo aprendido cada día, la ciencia del deporte cambia de momento a momento.

Por esa razón quiero compartirles este cuento que cualquiera puede encontrar en el internet donde hay varias versiones, que nos habla de la importancia de dedicarle tiempo para prepararnos y superarnos cada día.

En sus Marcas...

Dice así:

"Hace muchos años, vivía un leñador en un gran bosque junto a su mujer y sus hijos.

La vida les fue bien mientras había árboles cercanos y los talaba, vendiendo posteriormente la madera y ganando el dinero necesario para poder comprar alimentos y lo más básico para su familia. Podíamos decir que su vida era feliz...

Pero un día, un gran incendio calcinó todos los árboles a kilómetros a la redonda y nuestro leñador no pudo seguir cortando árboles cerca de su casa, por lo que decidió marcharse a trabajar a una empresa maderera que había en otro bosque cercano.

Al llegar, le preguntó al capataz si podía trabajar, garantizándole que cortaría árboles tan rápido como el más rápido de sus leñadores, pues lo había hecho toda la vida. El capataz decidió darle trabajo y que se pusiera manos a la obra ya mismo.

Le dijo que empezara por una zona y que como mínimo debía cortar diez árboles cada día.

Dicho y hecho, el leñador agarro su hacha y empezó a cortar árboles, al final del día había cortado veinte árboles. El capataz no cabía en sí de gozo, aquello era increíble, nadie cortaba tantos árboles como nuestro leñador...

El segundo día, el leñador cortó quince árboles en lugar de veinte, pese a dedicar el mismo esfuerzo y energía que el día anterior.

El tercer día, sólo cortó diez árboles, dedicándole incluso mucho más esfuerzo y energía que el primer y segundo día.

Al cuarto día, nuestro leñador solo pudo cortar cinco árboles en toda la jornada... Se acercó a su capataz y con lágrimas en los ojos, le dijo que había hecho lo mismo de siempre, incluso cada día se esforzaba el doble, pero cada vez tardaba más en cortar cada árbol, era como si no tuviera fuerzas..., el capataz lo miró fijamente, después miro su hacha y a continuación, le dijo: ¡buen hombre!, ¿cuánto hace que no afilas el hacha?

Tienes que afilar tu hacha cada día"

Existen muchas razones por las cuales "no afilamos nuestra hacha" y dejamos de ser productivos. Entre las más comunes tenemos:

- En la escuela ya aprendí todo.
- No tengo tiempo estoy muy ocupado haciendo mi trabajo.
- Tengo mucho trabajo.
- Estoy muy cansado.
- Capacitarse cuesta.
- No hay donde.
- No hay nada nuevo.
- Los que enseñan no saben.
- No es importante para mi trabajo.
- Mejor ese tiempo lo dedico a otras cosas más importantes.
- Y muchos otros más.

No afiliar el hacha nos hace perder efectividad en nuestro trabajo. Dejamos de ser productivos. De ahí la importancia de aún en tiempos de la pandemia debemos estar **"afilando el hacha"**, es de decir puliendo nuestras herramientas de enseñanza, aprendizaje, entrenamiento, asesoría, organización, dirección, gestión, etc., nuestros alumnos, clientes y usuarios nos lo agradecerán.

No nos dejemos atrapar por la rutina del ocio, o del trabajo o cualquier otra, tomemos un tiempo para

"AFILAR NUESTRA HACHA"

En sus Marcas...

Dice en el libro de Eclesiastés (10:10):

**"Si el filo del hacha se mella
y no se afila,
hay que golpear con más fuerza,
la sabiduría es provechosa si se sabe dirigir"**

Les invito a "Poner su ciencia al día".

Rafael Belmonte Olivares

Si te Atreves a Enseñar...

El pasado fin de semana se llevó a cabo la **CLÍNICA INTERNACIONAL DE NATACIÓN 2022.**

Este fue un evento de capacitación, actualización y mejoramiento profesional.

Todo instructor, maestro o entrenador tiene la obligación y la responsabilidad de estar siempre al día con la ciencia de su profesión.

Con pesar vemos que muchos mentores no se ocupan de su actualización profesional, siguen enseñando con técnicas y sistemas muy anticuados.

Bien dicen que la ignorancia es atrevida.

Decía Kobe Bryan:

"¿Los títulos? Eso no me estimula, lo que me estimula es seguir aprendiendo"

Paradójicamente vimos que de las más de 20 escuelas y clubes de la zona conurbada solo cuatro de ellas participaron. Las demás perdieron la oportunidad de tomar parte de la actualización.

Así como muchos detractores de la Educación Física se refieren a los docentes como "el maestro de la pelotita", así también hay referencias al docente acuático como "el maestro de la tablita".

En esta Clínica vimos, conocimos, escuchamos nuevas variantes en los procesos de enseñanza de la natación.

Fue interesante escuchar a los Ponentes de Nivel Internacional con nuevas propuestas y experiencias para la enseñanza.

En sus Marcas...

Fue una ardua labor conjuntar Maestros como **Sandra Rossi** (Brasil), **Mónica Anzueto** (México), **Noemí Suriol** (España), **Lulú Cisneros** (México), **Robert Strauss** (USA), **Alberto Lizzi** y **Juan Iglesias** (Argentina), **Jesús I. Restrepo** (Colombia), **Ricardo Marmolejo** y **Héctor Cruz** (México) un panel de lujo, de grandes ligas.

Mucha experiencia y conocimientos de los ponentes que expusieron en los tres días del evento. Una delicia escuchar a cada uno de ellos.

No se trata solo de enseñar a nadar, hay que llevar a todos nuestros alumnos al descubrimiento del agua, a disfrutar de las riquezas de este elemento.

Más que enseñar a nadar hay además otros propósitos, la seguridad de todos en el agua, las terapias físicas, el trato con los niños y jóvenes especiales, el trabajo con las embarazadas, las nuevas formas de moverse en el agua y muchos temas más.

Todo esto no nos lo enseñaron en las aulas, son conocimientos y experiencias que se nos trasmiten en este tipo de eventos.

En esta edición No. 34 de la Clínica participaron 175 maestros, instructores, entrenadores y dirigentes de escuelas y clubes de 8 países (Colombia, República Dominicana, Chile, Costa Rica, Panamá, Estados Unidos, Argentina y México), y participaron docentes de 15 Estados de la República.

Hubo dos modalidades de participación Presencial y Virtual, los comentarios al final del evento fueron de reconocimiento y agradecimiento por la organización del evento.

Sabemos que este tipo de eventos académicos no vende tanto ni interesa al público y a los medios como el deporte profesional. Coincidimos en tiempo con las finales de futbol, los juegos de béisbol y otros deportes espectáculos, por eso la escasa difusión del evento, para muchos pasó desapercibido, pero a pesar de esto la Clínica 2022 fue todo un éxito, después de la pandemia.

Rafael Belmonte Olivares

Les comparto comentarios de algunos de los participantes:

"Todos tenemos unas perlas que compartir
y por eso estamos preparándonos y educándonos
en esto que se llama natación"
(Marta Hernández/Puebla)

"Un fin de semana lleno de aprendizaje,
ideas, intercambio, emociones y buenos momentos,
con una audiencia de profesionales
de la enseñanza acuática ávidos de seguir aprendiendo
y crecer en este maravillo mundo…"
(Mónica Anzueto/Ponente)

"Fue un honor poder asistir…"
(Nelson Tejedor, San Andrés Tuxtla)

"Es grato participar en estos eventos
que mejoran la educación deportiva"
(Aquaris)

Y así, cientos de comentarios positivos y propositivos. Una grata experiencia para todos.
Desde ahora nos preparamos, Dios mediante, para el próximo año, será un nuevo reto.

**"Cuando comprendas lo que cuesta subir,
entenderas porqué hay tan pocos arriba"**

Carpe Diem
Aprovechando El Tiempo

**"La importancia de un hombre
no está en lo que alcanza,
sino en lo que él persigue alcanzar"**
Kahlil Gibrán.

¿Y ahora qué?

Siguen los días de encierro. Las actividades siguen paradas. Falta aún tiempo para que todo vuelva a la normalidad. Mientras tanto las recomendaciones son que usemos nuestra creatividad para aprovechar el tiempo.

En estos días, si hay algo que tenemos, es tiempo. Por eso me gusta la frase que dice:

**"El mejor maestro es el tiempo,
incluso sin que hagas preguntas
te da las mejores respuestas"**

Es por eso que muchos entrenadores y atletas están usando diversos medios para capacitarse, aumentar sus conocimientos, actualizarse, mantener sus capacidades físicas y técnicas, en suma: hacer un uso positivo del tiempo libre.

Durante los días sin clases, entrenamientos y competencias hay que agudizar el ingenio para cubrir la inasistencia a los clubes, gimnasios, albercas, canchas, estadios, etc.

Es ahí donde se está volviendo, casi viral, el uso de la tecnología digital. Muchos "milenials" dicen que quien no sabe utilizar una computadora, un celular, los medios electrónicos es un "analfabeta digital".

Todas las actividades presenciales se están supliendo por actividades en línea. Así que actualicémonos y hagamos usos de las herramientas digitales.

Rafael Belmonte Olivares

Primero veamos como muchos, maestros, instructores y entrenadores están aprovechando el tiempo.

En nuestra disciplina, la natación, podemos ver como Instituciones y organizaciones deportivas como la ASCA (American Swimming Coaches Association), MEXSCA (Asociación Mexicana de Entrenadores de Natación), América Swimming (Fernando Conde), Swim Gym de nuestro amigo Robert Strauss, ISCA (International Swimming Coaches Association), Lulú Cisneros "Educación Acuática", ACOLTEN de Colombia y otras más están ofertando Cursos, Capacitación y Certificación en línea y presencial.

Estas organizaciones están usando medios digitales como Facebook, Instagram, WhatsApp, Zoom, Skype, YouTube, Telegram y otros más para dar sus servicios a los técnicos de la natación.

Si ahora que tenemos tiempo no lo aprovechamos para mejorar nuestra formación profesional, no lo haremos nunca.

Bien dice Tom Clancy:

"La tecnología es solo una herramienta, la gente usa las herramientas para mejorar sus vidas"

Para los nadadores, ya les comenté las sugerencias del entrenador Wayne Goldsmith, pero hoy quiero añadir otras propuestas para estos tiempos, no de vacaciones, sino de actividad casera.

Recuerda que hay que enfocarse. No en las cosas que No puedes hacer, sino en las que, Si puedes controlar.

Durante las sesiones normales de entrenamiento, el intercambio de opiniones y experiencias entre el Entrenador y los atletas es mínimo. La mayor parte del tiempo es trabajo en el agua o en tierra. Pero en estos días hay una formidable oportunidad para tener, ya sea charlas personales con los atletas o en grupo un intercambio de ideas.

Pueden hacer reuniones grupales por medio de Zoom y platicar sobre que están haciendo o que van a hacer cuando regresen a los entrenamientos.

Organicen una sesión grupal de videos técnicos o de competencias. Usen YouTube o Zoom o WhatsApp u otro medio para compartir estas actividades.

También pueden organizar una sesión diaria de acondicionamiento físico. El entrenador puede guiar desde su casa los ejercicios. Busque cual es el medio digital al que todos sus atletas pueden acceder. Estas sesiones pueden ser en vivo o grabadas.

Compartan por medios como el WhatsApp, Facebook o Instagram frases motivacionales, de actitud, compromiso, resiliencia, el éxito, el fracaso, el aprendizaje, etc.

Lo importante es el aprovechamiento positivo del tiempo libre.

En pleno siglo XXI debemos hacer uso de las herramientas que el mundo moderno ofrece.

Así que mis estimados atletas y entrenadores, como dijo el poeta romano Horacio: **"Carpe Diem"**.

Capítulo 8

Administración Deportiva

Planificación de Nueva Temporada

"No hacer planes para triunfar, es hacer planes para fracasar"

Esta premisa está presente en todos los ámbitos de la actividad humana.

En cualquier terreno, gubernamental, empresarial, educativo, deportivo, financiero, etc. siempre hay que planificar.

Ciñéndonos a nuestro entorno deportivo, también tenemos que considerar este elemento de la administración.

Cuando emprendemos un ciclo de trabajo debemos iniciar con la planeación.

De otra manera estaremos yendo rumbo al fracaso.

Estamos en el tiempo de planificación de una nueva temporada acuática.

Los clubes, los entrenadores, las asociaciones y la federación están tomando un tiempo para planificar.

En la organización y el entrenamiento deportivo tenemos que dedicar un tiempo a planear todas las actividades que habremos de desarrollar en el ciclo o temporada de trabajo.

Específicamente en la organización deportiva de cualquier nivel hay que trabajar entre otros los siguientes elementos:

• Objetivos, tenemos que definir los propósitos de nuestro trabajo para la temporada o ciclo.

• Fijación de metas, detallar los logros que queremos alcanzar, ya sea lugares, medallas, clasificación, selección, hacer una previsión de los resultados a obtener, etc.

• Temporalidad, establecer el período que abarcará el plan de trabajo (sea curso corto, olimpiada nacional o curso largo).

• Participantes, quienes habrán de ser considerados en nuestro plan de trabajo, categorías, niveles, grupos, etc.

• Actividades del plan, establecer todos los componentes del plan de entrenamiento o de competencia.

• Programación, definir que eventos forman parte de nuestra planificación (eventos de preparación o fundamentales).

• Desarrollo, esta es la parte de la aplicación, de la ejecución del plan de entrenamiento.

• Análisis parcial de resultados, necesitamos evaluar cada uno de los períodos del plan, si es conducente hacer modificaciones en base a los resultados.

• Financiamiento, una parte muy importante del plan si queremos que el plan se lleve a cabo en su totalidad, establecer las fuentes de patrocinio de las actividades de entrenamiento y de competición.

• Evaluación, al final de la ejecución del plan necesitamos hacer una evaluación general del plan de trabajo para hacer las modificaciones o refuerzos necesarios.

Esta obligación de planificar es para todos los niveles y elementos que participan el deporte organizado. Aplica para las federaciones, asociaciones, clubes, equipos y entrenadores.

Uno de los grandes errores de los dirigentes y entrenadores es hacer un calendario de eventos y pensar que esto es un plan de trabajo. El calendario o programación de eventos es solo uno de los elementos del plan general.

Desafortunadamente en nuestro deporte mexicano no

elaboramos planes a largo plazo. Casi toda nuestra planificación es a corto o mediano plazo.

Nos da envidia de la buena (¿) al ver en los congresos mundiales de entrenadores como al final de un ciclo olímpico presentan sus informes y evaluaciones y en base a los resultados el plan general del nuevo ciclo.

Aquí la evaluación se basa en el número de medallas obtenidas y el lugar en que terminamos en la clasificación y pasamos por alto los factores que provocaron, influyeron o llevaron a esos resultados.

Por eso la importancia de una buena planificación deportiva.
Debemos recordar que:

**"Lo único peor a un mal plan de trabajo
es no tener un plan"**

Objetivos y Metas

"La tragedia no es no alcanzar tus objetivos, la tragedia es no tener objetivos para alcanzar"
(Anónimo)

Uno de los puntos más importantes al hacer la planificación es definir primeramente los objetivos y las metas que se pretenden alcanzar.

Estas habrán de definir las estrategias de trabajo y también servirán como indicadores para la evaluación final del plan.

Alguien dijo:

"Quién no sabe a dónde va, nunca llegará"

Es como si alguien se subiera a un autobús sin saber que ruta lleva y a dónde va.

Antes de subir al autobús debemos saber si nos llevará a dónde queremos llegar.

De ahí la importancia de trabajar primero con los objetivos, los propósitos que queremos lograr.

Estos se enuncian de manera general de acuerdo con la Visión y la Misión de la organización.

Las metas, dicen los expertos deben ser medibles, deben ser cuantificables, así podremos evaluar la eficiencia del trabajo. Y con esto me refiero no solo al trabajo técnico y de entrenamiento, sino también al trabajo gerencial, al administrativo.

En el deporte, y en especial la natación, los planes se hacen por ciclos, empatándolos con los ciclos olímpicos.

Así tenemos planes de largo, mediano y corto plazo.

Estamos en el momento de evaluar los planes de mediano plazo, los que ya han pasado de las administraciones actuales y de definir los planes a corto plazo, los de esta temporada.

Los objetivos y las metas deben ser realistas, basadas en la retroalimentación de la evaluación del plan anterior.

No podemos establecer metas que no estén al alcance de nuestras posibilidades.

Las metas serán la "zanahoria" que nos impulsará en el trabajo.

Los resultados inmediatos anteriores nos dan orientación sobre que podemos visualizar para alcanzar en la nueva temporada.

Importante que estos propósitos y metas se establezcan no solo para el área técnica, sino también para la administrativa. Ambas deben ir aparejadas para tener mayor oportunidad de lograrse.

Importante aclarar que los propósitos y las metas no son fijas, deben poder modificarse en el transcurso del año deportivo. De otra manera se estará trabajando sobre bases falsas.

"No puedes cambiar el viento,
pero si puedes ajustar las velas
para alcanzar tu destino"
Paulo Coelho

Una manera de ejemplificar a los objetivos y metas es pensar en que son el timón que guiará la nave a su destino.

Definir los objetivos y metas son al inicio del plan. Cuidado, porque quien mal empieza, mal acaba.

Necesitamos poner rumbo a nuestro plan de trabajo.

Pongamos toda nuestra atención para implementar estos elementos de la planificación en nuestro plan de entrenamiento y dirección.

"Manten el objetivo, el camino es largo"

Rafael Belmonte Olivares

Los Valores en el Deporte

"Ser integro, es hacer aquello que consideras correcto, sin necesidad de tener espectadores"

La semana pasada el suceso más importante en los medios de difusión fue el deceso del futbolista argentino Diego Armando Maradona.

A partir de ese día los medios deportivos y noticiosos abordaron el tema del legado de Maradona.

Fue tal la importancia del fallecimiento de Maradona que el Presidente de Argentina declaró tres días de duelo nacional y que sus restos fueran velados en la Casa Rosada, sede del gobierno argentino.

Nadie puede negar los méritos deportivos de Diego Armando Maradona, muchos lo ubican como el futbolista más destacado de la historia. Aunque esto sea discutible para muchos que le otorgan ese mérito al Rey Pelé.

Pero, el punto de este comentario no es exponer sobre la vida deportiva de Maradona, eso ya ha sido publicado y difundido por todos los medios expertos en el tema.

El punto que quiero poner en la mesa es ¿qué es lo hace grande a un deportista?

¿Cuáles son los aspectos que hacen que un deportista tenga un lugar destacado en la historia, no solo en un país, sino en el panorama mundial?

He tenido la oportunidad de escuchar las mesas de trabajo de grupos destacados como Los Jefes, programas radiofónicos deportivos, he podido leer las columnas y comentarios de destacados periodistas deportivos y casi todos coinciden en un punto: para valorar la dimensión, el legado de un atleta hay que separar la fase deportiva de la vida personal.

¿Están ustedes de acuerdo?

En sus Marcas...

Muchas personas no comparten esta opinión. Esas personas expresan que una persona no puede ser evaluada, reconocida o valorada solo por ciertas fases de su vida. Las personas deben ser valoradas como un todo.

Leí un artículo en un diario, en que una jugadora de futbol de España, en un juego en que al inicio se hizo un homenaje a Maradona, ella se manifestó contraria a ese acto. Cuando le preguntaron el motivo por el cual ella no apoyó el homenaje, dijo claramente que ella no podía apoyar a quien en su vida no había sido un ejemplo como persona, que había cometido muchos errores que no eran dignos de un reconocimiento. Para ella lo negativo de la vida de Diego Armando opacaba el brillo que tuvo como futbolista.

En las redes circula un video de Paraula de Rahola, donde expresa que para ella Maradona fue un ángel, un genio del futbol, en ese sentido fue único, indiscutible, pero como ser humano fue una miseria, un demonio de la vida. Para ella, fue una gran vergüenza, y es una tristeza que Argentina haya querido convertir en ejemplar a alguien que ha sido tan funesto en su vida personal, para ella fue un anti ciudadano, una persona no honorable para el pueblo argentino.

Una opinión muy discutible.

Si tomamos en cuenta que el deporte es un medio y no un fin, podemos ir aclarando el panorama.

El propósito principal del deporte es formar ciudadanos ejemplares a través de las actividades físicas y deportivas.

El deporte inculca valores como la integridad, la honestidad, la responsabilidad, la humildad, el respeto y muchos otros más.

Es por eso que cuando el deportista se sale del camino y desecha estos valores el deporte pierde su esencia, pierde su función formativa.

A veces nos perdemos en aspectos tan superfluos y subjetivos como la fama, el dinero, la imagen, la espectacularidad, etc.

Ahora, estamos hablando de Maradona, pero en la historia del deporte ha habido muchísimos casos semejantes, donde la errática vida personal viene a nublar la vida deportiva.

Viene a mi memoria casos como O.J. Simpson, Mike Tyson, el "Púas" Olivares, Julio Cesar Chávez y muchos personajes destacados del deporte que con sus actos personales han destruido ante la opinión pública la imagen que sus éxitos construyeron.

**"En la vida hay personas
que no dejan de sorprender,
y otras que no dejan de decepcionar"**

En la serie de Netflix, "Diego en Sinaloa" el mismo Diego Armando expresa al final, casi en lágrimas, "Siempre me recordarán por el mal que hice y nunca por mis cosas buenas". Una autoevaluación del divo.

Todo deportista, más los destacados, tienen una gran responsabilidad ante sus fans, ante los niños y jóvenes que los "idolatran", el ser un buen ejemplo, ellos aprenderán lo que se les enseñe, lo que vean, lo que escuchen.

**"Procure no ser un hombre de éxito,
sino un hombre con valores"**
Albert Einstein

Pero estoy seguro que, sobre este tema, usted tiene su propia opinión.

En sus Marcas...

Importancia de Ofrecer al Cliente Calidad en el Servicio

Les comparto un trabajo compilado por el
Ing. Raúl Belmonte Olivares,
Director General de CISE
(Conceptos Inteligentes en Servicios)

Este es uno de sus artículos que ha presentado acerca de la Calidad en el Servicio. Esperamos sea del interés de todos aquellos que están al frente de una empresa, negocio, club, escuela u organización:

"México es ya una economía de servicios, que significa que la mayoría de los negocios y de sus empleados trabajan promoviendo y vendiendo servicios, y en general atendiendo las necesidades de los clientes.

Veracruz es una ciudad mediana con cientos de miles de negocios, que ofrecen innumerables productos y servicios. ¿Qué tanta calidad ofrecen estas empresas a su clientela? ¿Han iniciado ya la revolución del servicio?

Los negocios viven del cliente, de la venta de productos y servicios. Y hay que aceptar que todo en un negocio es gasto –renta del local, salarios de los empleados, consumo de luz, gas y agua, compra de insumos, etcétera-, y que los únicos ingresos, aparte de los ingresos financieros- provienen de los clientes. De aquí la importancia de ofrecerles un servicio insuperable, de brindarles una excelente calidad de servicio.

Es vital tratar bien a los clientes. Las estadísticas así lo indican. Por ejemplo, es más fácil vender cinco servicios a un cliente que vender un servicio a cinco clientes. Los clientes desertan, ya no compran más en el negocio, debido a la mala calidad del servicio que ofrece a sus clientes. Muchos clientes se van debido a que las empresas ofrecen un servicio deficiente a sus clientes y porque sus quejas no son atendidas. Pero un buen porcentaje regresa si el negocio cuenta con procesos para recuperarse de un mal servicio: ofrecen disculpas y corrigen el producto o servicio mal vendido.

Conviene que los negocios implanten los siguientes tres pasos:

1) Medir la calidad de servicio.
2) Diseñar una estrategia competitiva única.
3) Comunicar y entrenar a los empleados para ofrecer un gran servicio a los clientes.

Desmenucemos estos tres pasos.

Primero, mucho del problema es que los negocios no saben qué calidad ofrecen a sus clientes. No miden la calidad del servicio y por tanto no saben qué quieren sus clientes, o cometen el pecado imperdonable de pensar por el cliente, de figurarse que es lo que desean. ¡Hay que preguntarles! Después, hay que medir las percepciones, averiguar que piensan los clientes del servicio ofrecido. Así, calidad del servicio se define como la discrepancia, diferencia o brecha, que existe entre las expectativas y percepciones del cliente. Hay que medir constantemente porque las expectativas y percepciones cambian con el tiempo, incrementándose normalmente.

En segundo lugar, se debe diseñar una estrategia competitiva que ofrezca algo único a la clientela, sea rapidez, amabilidad o precio, entre otras cosas, solamente así se ganará más mercado y se vencerá a la competencia, ¡Hay que ofrecer algo distintivo a los clientes!

Por último, comunicar a todos los empleados la oferta de servicio que se brindará a la clientela y después entrenarlos exhaustivamente, explicando la estrategia y los atributos de servicio en que la empresa competirá en el mercado.

¿Cuál es la ganancia de ofrecer a los clientes una mayor calidad en el servicio? Se obtienen más utilidades, se vende más y se reducen los costos. Por tanto, "mejorar la calidad del servicio es una estrategia rentable para las empresas".

Asunto de Prioridades

"No se vale gobernar a partir de la ignorancia"

Cada vez que inician sus funciones las nuevas administraciones municipales conurbadas nuevos funcionarios toman sus cargos.

Pero las expectativas que siempre tenemos en el mundo del deporte municipal no siempre son cubiertas.

Por las señales que envían los gobiernos municipales, el deporte no es una de sus prioridades.

El fomentar, promover, difundir, apoyar el deporte en sus municipios no entra de sus planes prioritarios.

La primera señal, la mayoría de las veces, es cuando designan a quienes estarán a cargo de las direcciones de fomento deportivo y no cubren el perfil del profesional del deporte y la educación física.

Seguimos viendo que en nuestro México nadie está en el lugar que le corresponde.

Si no fuera trágico sería risible el ver que están al frente de Salud licenciados en derecho, en Caminos a doctores, en PEMEX ingenieros agrónomos, etc.

No encuentro razón de que nuestras universidades tengan una carrera, ya sea licenciatura, maestría o doctorado en Ciencias del Deporte si a final de cuentas los encargados de ese rubro en los gobiernos de cualquier nivel tendrán otra formación académica.

Si se trató de solo cubrir el espacio las designaciones fueron correctas.

Bien decía el Lic. Juan Maldonado Pereda:
(Expresidente municipal de Veracruz)

"En México no gobiernan los mas capacitados, sino los que más convienen"

Una de las grandes interrogantes de la administración pública en el área de Dirección, es ¿Qué es primero, el hombre o el plan?

Por lo que vemos en nuestros gobiernos de todos los niveles es primero el hombre y luego irán haciendo el plan de trabajo.

Pasan los primeros meses de trabajo y no dan a conocer su Plan de Desarrollo del Deporte en su Institución.

No sabemos cuáles serán sus áreas estratégicas, ejes rectores, propósitos, objetivos y metas. No escuchamos como van a lograr esos propósitos, ¿con quién? ¿Cuándo?, etc.

Imaginamos que con el tiempo irán aprendiendo, lo malo es que cuando ya hayan aprendido tendrán que irse. Y vendrán otros nuevo a aprender y el ciclo se vuelve a iniciar.

Por eso nuestro deporte está como está. No es una prioridad.

Suenan más fuertes las palabras de Don Miguel de la Madrid:

"La ineficiencia es una forma de corrupción"

Cuando alguien solicita algún empleo o puesto siempre se le pide al aspirante a presentar su currículum para conocer su experiencia en el puesto que aspira, su formación académica, antecedentes laborales, y en algunos casos se le pide delinear un plan de trabajo.
Es decir, se requiere un perfil para cada puesto o función.

Pero, ojo, en el caso de los funcionarios deportivos, el ser o haber sido deportista no aplica como requisito. Es como si alguien que aplicara para Secretario de Salud pusiera en su currículum que le gustan las frutas y verduras. Eso habla de nuestros gustos o aficiones, no de nuestras habilidades y capacidades.

Pero en el caso de los dirigentes deportivos todos estos aspectos se pasan por alto.

En el argot político se dice: se gobierna con los amigos, no con los mejores.

En sus Marcas...

Al final del período ante los resultados la responsabilidad primaria será para el/los gobernantes y después para los que aceptaron el puesto sin estar capacitados.

**"La primera muestra de corrupción
es aceptar un puesto
para el cual no estámos capacitados"**

Cada administración que inicia vemos nuevos dirigentes deportivos y al final de su gestión, así como aparecieron desaparecen.

Pero, el tiempo pone a cada quien en su lugar. Mientras concedamos el beneficio de la duda.

Rafael Belmonte Olivares

El Perfil del Dirigente Deportivo

Albert Einstein dijo:
**"Locura es hacer siempre lo mismo
Esperando obtener resultados diferentes"**

La semana pasada Juan Manuel Rotter, Director de CarroTV, realizó un programa donde entrevistó a algunos de los candidatos a la presidencia de la FMN (Federación Mexicana de Natación).

Estuvieron disertando y exponiendo sus opiniones **Felipe "Tibio" Muñoz**, el **Prof. Miguel Ángel Valtierra** y **Fernando Platas.** Solo faltó el otro aspirante, el actual presidente de la Federación Kiril Todorov.

Uno de los temas que se trataron fue: ¿Cuál debe ser el perfil del presidente de la FMN?

Tuvimos la oportunidad, junto con la nadadora olímpica **Marlen Brutten**, el entrenador olímpico **Alfonso Álvarez** y el Master **Ricardo Florido**, de dar nuestros puntos de vista al respecto.

Trataré de resumir las opiniones que se vertieron y las de algunos de las personas que estuvieron viendo el programa.

De acuerdo con la opinión de los invitados y participantes, un dirigente deportivo debe reunir o tener el siguiente perfil:

1. Amplio conocimiento y experiencia de su disciplina deportiva.

• No es tiempo de la improvisación, el amiguismo o el cacicazgo.

• Aunque la práctica deportiva es importante, no necesariamente debe ser un deportista. Tenemos la experiencia de muchos destacados atletas que llegan a ocupar cargos gerenciales y son un fracaso como tales.

• Aunque el tener estudios de la Educación Física y el Deporte son importantes, es indispensable tener preparación de la Administración Deportiva. La Educación Física y el Deporte, aunque relativos, requieren diferentes perfiles.

- Las dirigencias deportivas requieren de un líder, de un administrador, de un organizador.

2. El dirigente deportivo debe ser incluyente. Debe atender y preocuparse por igual de todas las disciplinas y todos los niveles de su deporte.

- Muchos dirigentes solo se enfocan en el alto rendimiento, que es donde obtienen los reflectores, pero se olvidan de las bases, de las escuelas donde se inicia el deportista.
- En el caso de la natación, el próximo presidente debe atender por igual a las disciplinas de natación, clavados, natación artística, polo acuático, aguas abiertas y masters. Todas estas disciplinas son igualmente importantes.
- El dirigente debe saber establecer una estructura organizativa que permita la eficiencia y la eficacia de su deporte.
- El dirigente deberá atender a todos sus afiliados y afines, deportistas, entrenadores, dirigentes de asociaciones y clubes, padres de familia.

3. Deberá hacer una planificación, junto con sus colaboradores, para todas las disciplinas y niveles.

- Su planificación no solo debe ser a corto plazo, deberá contemplar todo su período de trabajo, es decir hacer también planes a largo plazo.
- Deberá saber establecer objetivos, propósitos y metas, y al final de cada período saber evaluar el proceso.
- Debe saber integrar un eficiente equipo de trabajo.
- Saber hacer, dirigir, pero también saber delegar.
- Deberá contar, respetar y apoyar a su Consejo Técnico, quienes tendrán la responsabilidad de hacer los planes específicos.

4. Un buen dirigente deportivo no dependerá solo de los recursos gubernamentales y oficiales, sino que buscará el autofinanciamiento de su deporte.

• Para ello deberá apoyarse en los elementos de mercadotecnia especializados en el deporte.
• Deberá buscar patrocinios y apoyos para el desarrollo de sus deportistas.

5. El o los próximos dirigentes deberán tener y mantener buenas relaciones y comunicación con todas las instituciones y organizaciones deportivas, llámense WORDACUATICS, ODEPA, COM, CONADE, INSTITUTOS, etc.

• En los últimos años nuestra dirigencia nacional no ha sabido mantener una buena relación y comunicación con los organismos acuáticos internacionales.
• Eso ha provocado sanciones, llamadas de atención, suspensiones, etc. que han dañado a nuestro deporte.
• Deberá respetar y hacer respetar los reglamentos, estatutos y normas de su deporte y de los organismos afines.

6. Un dirigente deportivo no debe vivir exclusivamente del deporte.
• No quiere decir que no reciba un salario, sino que este no sea su único medio de sostenimiento.
• Cuando el dirigente tiene como único ingreso su actividad deportiva da lugar a muchas actividades, compromisos personales y manejos no claros, ni benéficos para el deporte.

7. El dirigente deportivo debe saber respetar los tiempos y períodos.
• Uno de los grandes vicios del deporte son los dirigentes que se eternizan en el puesto.

• Hay muchos dirigentes que difícilmente quieren dejar el puesto y dar paso a nuevos elementos que vengan a

En sus Marcas...

refrescar la administración

A grandes rasgos estos fueron, entre otros, los comentarios y sugerencias de la audiencia.

Así que como el sabio de la antigüedad: hay que buscar con la lámpara de Diógenes al hombre mejor capacitado.

En la natación no queremos seguir en un **"estado de locura"**, no elijamos siempre dirigentes igual a los que tenemos actualmente.

**"Los buenos líderes se precisan
en los momentos difíciles,
porque en los buenos momentos,
todos los líderes son excelentes**
"Francisco Alcaide

Rafael Belmonte Olivares

Evaluación

"Dime que evalúas y te diré como te desempeñas"

Ya hemos comentado en otras ocasiones, la importancia de la evaluación deportiva.

Esta constituye uno de los elementos de la administración.

El ciclo no estaría completo si no se lleva a cabo la evaluación de las tareas programadas en la planificación.

De nada sirve realizar las tareas de planificar, estructurar, organizar, dirigir, realizar si no se lleva a cabo la evaluación.

Esta, entre otros propósitos, nos permite el comprobar la eficiencia del trabajo realizado.

El confrontar los propósitos, las metas, los objetivos trazados al inicio del plan con los resultados obtenidos.

También nos apoya para sentar las bases para un nuevo ciclo de trabajo.

Toda institución, organización, federación, asociación, club o escuela debe tomar un tiempo para evaluar su trabajo.

Es una tarea que deben realizar los entrenadores, los dirigentes y las autoridades deportivas, cada uno en su ámbito de acción.

Recordar que la evaluación no solo se debe hacer al final del ciclo, sino deberá realizarse también a lo largo de todo el proceso.

Cada inicio de un nuevo año en la natación tenemos un ciclo de trabajo.

Actualmente en México la temporada de natación se organiza en tres ciclos o períodos.

El primero es el ciclo o etapa de curso corto, generalmente va de finales de agosto a diciembre. Su evento fundamental es el campeonato nacional de curso corto, este tiene como propósito principal ser el filtro selectivo rumbo a la Olimpiada Nacional.

Es en este ciclo donde se dan a los deportistas las bases físicas, fisiológicas y técnicas del entrenamiento. Quien no haga una buena etapa de curso corto difícilmente podrá tener una buena temporada en general.

Los resultados del nacional nos dan unas expectativas para la Olimpiada Nacional que es la siguiente etapa.
Quien no clasifique a la Olimpiada Nacional, habrá perdido una etapa y tendrá que esperar hasta la etapa del nacional de curso largo.

Eso nos lleva a replantear nuestra planificación del entrenamiento para mejorar nuestros resultados.
De ahí la importancia de la evaluación.

Pero, habrá quien tendrá que hacer cambios, adecuaciones a los planes de entrenamiento para mejorar los resultados.
Si no entendemos esto no saldremos del nivel que actualmente tenemos.

Es tiempo de detenernos y tomar tiempo para evaluar lo que hemos hecho en nuestro quehacer como dirigentes y entrenadores deportivos para ir con firmeza hacia el futuro.

Para terminar, recordemos la frase de Ángel Gabilondo:

**"Lo que no se evalúa se devalúa,
Pero lo que se evalúa mal, se deteriora"**

Capítulo 9

Motivación

La Motivación en el Deporte

Un gran atleta dijo:

"No tengo fuerzas para rendirme"

Uno de los aspectos más importantes en el proceso del entrenamiento y la competencia deportiva es la motivación.

Esta ocupa un lugar muy importante en la preparación del atleta, muchos expertos y entrenadores han llegado a decir que tiene más valor que el mismo entrenamiento físico.

Sobre el tema se ha investigado y escrito mucho.

Uno de mis autores favoritos es Don Swart. Él fue un gran deportista, más tarde entrenador y los últimos años se ha dedicado a estudiar y exponer sobre el tema de la psicología deportiva, donde la motivación tiene un espacio muy especial.

Tengo en mi escritorio el libro **"101 Ways To Motivate Athletes"** (101 maneras de motivar a los atletas) escrito por Keith Manos.

También he leído los artículos que sobre el tema ha escrito Aitor Ferrón de España.

Hoy brevemente les comparto algunos de sus comentarios del tema. Espero les sea de gran utilidad en la preparación de sus atletas.

Todos los deportistas conocemos perfectamente, la fuerte relación que tiene la motivación deportiva con nuestro rendimiento, como también conocemos que, para poder alcanzar nuestras metas, debemos estar altamente motivados, porque seguramente ya os habréis dado cuenta, que hay días donde solo podemos alcanzar un nivel bastante más reducido al que solemos llegar, incluso estando físicamente en perfecto estado.

Aquí es donde entra este factor psicológico que puede marcar las diferencias en los entrenamientos, pudiendo resultar tan relevante o más, que nuestras capacidades físicas.

Pero, ¿Qué es exactamente? ¿Existen varios tipos de motivación? ¿Por qué resulta tan determinante?

¿Qué es la Motivación?

Es un proceso interno que hace referencia al deseo de cubrir una necesidad y que nos mueve a realizar o no, unas conductas dependiendo de los motivos expresados como deseos o necesidades que se producen en cada momento. Por lo tanto, siempre que observamos a un atleta que está esforzándose al máximo en batir su record, el delantero que corre desesperadamente por el balón o el tenista que se tira para llegar a esa bola imposible, consideramos que tienen una alta motivación que le empuja a llevar sus capacidades al límite.

Pero no toda motivación nos lleva a alcanzar nuestro máximo potencial, ya que existen dos tipos de motivación: extrínseca e intrínseca y pueden resultar relevantes para el rendimiento del atleta.

Un deportista que es motivado extrínsecamente, es decir, se encuentra altamente influenciado por las recompensas externas, tiene muchas menos posibilidades de alcanzar su máximo rendimiento, que el deportista que está motivado intrínsecamente, el cual realiza la actividad sin necesidad de recibir compensación externa, por propia voluntad.

Por ello, los entrenadores deportivos más prestigiosos, aparte de entrenar las capacidades físicas de sus atletas, buscan aumentar su motivación intrínseca, haciéndoles ver su alto potencial y lo alto que pueden llegar, sin necesidad de ofrecerles recompensas externas, así como dinero, coches o grandes becas. Estos profesionales conocen perfectamente la importancia de la motivación deportiva de sus atletas, ya que

En sus Marcas...

El Lado Positivo del Fracaso

**"No hay nada que enseñe más
que equivocarnos"**

"El lado positivo del fracaso" es el título de uno de los libros de John C. Maxwell, de este libro he tomado algunos puntos que quiero compartir ahora.

El fracaso, también es conocido como falla, caída, problema, derrota, error, adversidad, todas estas designaciones parecen tener una connotación negativa, pero quiero decirles que a pesar de todo podemos aprender y seguir adelante.

¿Quién no ha fallado? ¿Quién no ha sido derrotado alguna vez? quien diga que nunca ha fracasado, parafraseando al Apóstol Pablo "es un mentiroso".

En la vida no se puede evitar el fallar alguna vez.

Bien dijo el gran Michael Jordan:

**"He fallado más de 9000
tiros en mi carrera,
he perdido casi 300 juegos,
26 veces han confiado en mi
para tomar el tiro
que ganaba el juego
y lo he fallado**

**He fracasado una y otra vez en mi vida
y eso es por lo que tengo éxito"**

La experiencia de Jordan nos deja una enseñanza, no hay que tenerle miedo al fracaso.

El fracaso no es irreversible, se puede cambiar.
Me encanta el testimonio de Thomas Alva Edison:

**"No he fracasado,
he encontrado 10 000 maneras
en que esto no funciona"**

Es decir, cuando algo no sale bien, cuando algo no funciona, hay que seguir intentando.

Otra vez vuelvo a Michael Jordan quien nos dijo:

**"Puedo aceptar el fracaso,
todo mundo ha fracasado en algo,
lo que no puedo aceptar, es no intentarlo"**

No hay que rendirse cuando tenemos un fracaso, cuando un gran problema viene a nuestras vidas.

Viene a mi mente una experiencia personal, Aquabel fue parte de un sueño, de un ideal que Dios nos concedió. Abrimos en 1995 y todo iba muy bien, pero en el año 2010 el huracán Karl vino a echar abajo nuestros sueños, como dice la canción: "Todo se derrumbó" … parecía el fin de ese sueño, pero vinieron a mi mente las palabras de San Pablo: "Para los que aman a Dios todas las cosas les son para bien".

Hoy 14 años después, gracias a Dios, seguimos de pie, con mayores bríos, siendo pioneros en muchos aspectos dentro de nuestra actividad.

El fracaso no es el final, es solo parte de un proceso.

Lo importante es la actitud que tomamos ante la derrota, ante la caída, ante el fracaso. A veces no entendemos que fracasar es mucho más común que triunfar.

¿Qué es lo que distingue a las personas que tienen éxito?

Puedo decirles **que nunca se quedan caídos.**

En sus Marcas...

Una de las enseñanzas que me dejó la experiencia de uno de los más grandes nadadores de la historia, Mark Spitz, fue que en los Juegos Olímpicos de México 68 él, de acuerdo a los expertos deportivos, era el nadador de mayores posibilidades de éxito, de ser la estrella de los Juegos, pero Mark no tuvo los resultados pronosticados, al final "solo pudo ganar" dos medallas de oro, una de plata y una de bronce.

De acuerdo a sus metas fue un fracaso.

Otro cualquiera se hubiera deprimido por no alcanzar sus metas, se hubiera "conformado" con esas cuatro medallas, pero Mark "el tiburón" como su apodo, era un depredador, en el buen sentido de la palabra, se levantó, se preparó como nunca y cuatro años más tarde en los Juegos Olímpicos de Munich nos dejó un record por muchísimos años sin igual en la historia de la natación, al ganar 7 medallas de oro. Está inscrito en la historia. Un "fracaso" le motivó a alcanzar metas más altas, a las que ningún nadador había jamás llegado.

El comentario final es que una derrota, una caída, un problema, no es el final, solo es una parte del proceso.

Todos hemos fallado alguna vez, lo importante es perseverar, seguir adelante.

**"Y fue cuando estaba cayendo
que abrí mis alas y aprendí a volar"**

Bien dijo Henry Ford:

**"El fracaso es la oportunidad
de empezar de nuevo
con más bríos y con más inteligencia"**

Rafael Belmonte Olivares

Nunca es Tarde para Empezar

"No es grande aquel que nunca falla, sino aquel que nunca se da por vencido"

Leí hace unos días en el sitio Swim Mirror un interesante artículo en el cual el autor comenta acerca de los nadadores campeones olímpicos que empezaron su carrera o lograron los oros en la natación a mayor edad.

La gran mayoría de las estrellas de la natación iniciaron su carrera desde muy temprana edad, llegaron a las albercas siendo muy pequeños, 6, 7 años. Un ejemplo de ello es la máxima figura de la natación Michael Phelps, quien desde los 7 años ya estaba en la alberca.

Pero no todos los campeones olímpicos han llegado de bebés a tomar clases de natación, algunos se tomaron su tiempo para agarrarle amor a la natación y empezar a entrenar en forma.

De hecho, algunos de ellos llegaron a ganar sus medallas olímpicas ya mayores de 30 años.

El artículo describe la vida de algunos olímpicos que llegaron a la gloria ya bastante grandes.

Uno de los ejemplos más claros es la conocida **Dara Torres**, nadadora estadounidense, que participó en varios Juegos Olímpicos ganando cuatro medallas de oro. Su historia es fascinante y al mismo tiempo motivante. Ella nadó durante dos períodos en los JO, se inició a los 17 años compitió en los JO, luego se retiró durante 21 años (wow) y se dedicó a otras facetas de su vida, modelo, vocera de medios, etc. pero luego volvió a la natación de alto nivel y la historia olímpica la tiene registrada como la nadadora de mayor edad en ganar una medalla olímpica, a los 41 años, para muchos "una anciana" de la natación.

Para Dara Torres la edad nunca fue un obstáculo para lograr sus metas, todo un ejemplo para los deportistas.

Otro ejemplo que menciona el artículo es el nadador **ANTHONY ERVIN**, también de Estados Unidos, Ervin ha sido el nadador de mayor edad (35 años) en ganar una medalla de oro olímpica individual, pero también tiene en su historia que después de ganar su primera medalla de oro, se retiró y 16 años después volvió a ir a unos JO y volvió a ganar la medalla de oro en la prueba de 50 metros libres.

No todo salió siempre bien en la carrera deportiva de Anhony, falló en clasificar al Mundial FINA 2000, se retiró 22 años, pero volvió nuevamente a los JO y volvió a ganar la medalla de oro en los 50 libres. Toda una historia.

Otro de nuestros conocidos, **Rowdy Gaines**, quien estuvo en la Clínica Internacional de Natación en el 2018 en Boca del Río, tiene también una asombrosa historia. El empezó a competir a los 17 años, cuando muchos deportistas ya están en los eventos mundiales y olímpicos, aún así Rowdy ganó tres medallas olímpicas y ha sido el nadador de los Estados Unidos de mayor edad, 35 años, en clasificar a unos JO.

El comentario final del articulista es que el deporte no solo es de los jóvenes, aún los atletas de mayor edad pueden alcanzar grandes logros.

"Nunca te rindas, a veces la última llave es la que abre la puerta"

A veces los deportistas pueden tomar un receso, un descanso, es válido, pero cuando retoman sus sueños y trabajan arduamente para lograrlos el oro les está esperando, ellos han demostrado que la edad no es una limitante, cuando hay talento, trabajo y persistencia si se puede.

Las historias de estos grandes nadadores pueden ser de motivación para todos aquellos que piensan que el final de sus carreras ha llegado a su fin.

"La clave está en insistir, resistir, persistir, pero nunca desistir"

Rafael Belmonte Olivares

¡Never Give Up Nunca te Rindas!

"Tu eres más fuerte de lo que tu piensas"
John Mason

Hoy quiero volver a tratar el tema: **NUNCA TE RINDAS**, pero con otro enfoque.

La idea me surgió al ver en Netflix: NYAD, una muy interesante película que narra la hazaña de una nadadora Diana Nyad, protagonizada por la ganadora de cuatro Oscar Annette Bening y por Jodie Foster, ganadora de dos Oscar.

Narra la vida y la historia de Diana Nyad. Ella desde muy pequeña aprendió a nadar y entrenó en la alberca de Fort Lauderdale, Florida con el afamado entrenador Jack Nelson, miembro del Salón de la Fama Internacional de la Natación que está en la misma instalación.

En una ocasión tuvimos la oportunidad de estar en una competencia en esa hermosa alberca que organiza anualmente un evento internacional, estuvimos allí con algunos acuarianos como Jerónimo Guzmán, Ana Rosa Graham, Teté Martínez y otros más.

Pero vuelvo al relato de la película. En ella vemos que Nyad que ya había logrado hazañas internacionales en los eventos de aguas abiertas al final de su carrera se propone hacer el cruce de la Habana, Cuba a Kayo West, Florida, una distancia de más de 177 kilómetros en mar abierto, (110 millas).

Esta proeza es conocida como el "Everest de la Natación", debo decir que la hazaña se antojaba imposible por muchas razones, la distancia, las corrientes marinas, los tiburones y aguas malas que había en esa zona.

Su primer intento fue en 1978, cuando solo tenía 28 años y no lo logró, hizo dos intentos más en 2011 y volvió a fallar.

Ya he abordado el tema del lado positivo del fracaso, como una mala experiencia puede ser el punto de partida de un nuevo comienzo con más bríos e inteligencia.

En sus Marcas...

Diana Nyad mantuvo su sueño de lograr ese cruce, se lo propuso como su última meta, pero tenía muchas cosas en contra, sobre todo por la edad de Nyad, ella ya tenía entonces 60 años, hacía 30 años que se había retirado de la natación de fondo para dedicarse al periodismo deportivo.

Anunció en los medios su nuevo intento, convenció a su mejor amiga para que fuera su entrenadora (Jodie Foster), consiguió un equipo para que le apoyara en la travesía, consiguió patrocinadores, etc. todo lo que se necesita para este tipo de eventos.

Cuatro años duró su preparación resuelta a ser la primera persona en lograr esta hazaña.

"Todo lo que vale la pena hacer va a tener algunos obstáculos"
John Mason

La mayoría de la gente se da por vencida cuando viene los fracasos, abandonan cuando podría ser el momento de su mayor oportunidad.

Nunca debemos renunciar a nuestros sueños, Nyad no lo hizo, lo volvió a intentar y volvió a fallar.

En cuatro intentos tuvo que abandonar la travesía.

Por supuesto, todos le decían: "olvídalo, ya lo intentaste y no pudiste, es tiempo de colgar los goggles y el traje de baño".

Pero Nyad era una mujer resilente.

Su pensamiento era: **Never Give Up – Nunca Te Rindas.**
El fracaso, la derrota y la caída, no son el fin, es solo una parte del proceso.

Diana nunca perdió su sueño y al final convenció a todos de que había que intentarlo una vez más.

Y el 2 de septiembre del 2013, en su quinto intento, al fin logró completar la hazaña, nadar casi 180 kilómetros a los 64 años, cinco intentos en 35 años.

El mensaje final de la historia de NYAD se resume en tres puntos:

1. **"Nunca te rindas – "Never give up"**

Quizás debemos tomar un tiempo para evaluar, reflexionar, ajustar nuestras velas, esperar que el mar se aquiete, pero tan pronto sea posible volver a la carga.

2. **"Nunca somos demasiado viejos para cumplir nuestros sueños".**

Nuestros sueños no tienen caducidad, mientras Dios nos permita la vida debemos soñar con aquello que anhelamos. Soñar nos permite disfrutar de la vida y nos mantiene con el alma, mente y cuerpo activos.

3. **"Aunque la natación parece un deporte individual se necesita un equipo para lograr nuestras metas"**

Dice la máxima: "Si vas solo llegarás más rápido, si vas acompañado llegarás más lejos". Se necesita integrar un equipo que apoye y soporte nuestro trabajo. Solo, difícilmente lo lograremos. Además, en equipo siempre habrá quien nos consuele y nos anime, cuando fallamos o cuando lo logremos.

Así que ánimo, a seguir adelante.

una desmotivación puede provocar la pérdida de un campeonato o el abandono del deporte.

Por lo tanto, debemos buscar tener siempre una alta motivación, que nos ayudará a ponernos al límite en cualquier actividad deportiva y poder seguir creciendo como deportistas.

Una forma de mantenernos motivados y ser constantes en nuestro entrenamiento es buscar el apoyo de un amigo (lo que Keith Manos llama: "Training Partners") con un nivel similar al nuestro, para crear una competencia sana, provocando un aumento de nuestra capacidad de auto superación, lo que se traduce en una alta motivación.

En conclusión, debemos entrenar tanto nuestras capacidades físicas como psicológicas, sin caer en el error común de olvidarnos de estas últimas, para de esta forma, tener un alto grado de motivación deportiva y poder alcanzar nuestras metas más preciadas.

Sobre este punto dijo Michael Jordan:

"Nunca digas nunca, a menudo los límites, como los miedos son solo ilusiones"

¡Never give up!

**"El momento
en que la mayoría de la gente
se da por vencida
es el momento de su mayor oportunidad"**

ya he abordado el tema de como una mala experiencia puede ser el punto de partida de un nuevo comienzo con más bríos e inteligencia.

Esta vez quiero continuar en la misma línea con el tema:

Nunca te rindas

Dos autores han plasmado su punto de vista sobre este tema, una la famosa conferencista Joyce Mayer y otro John Mason.

Ambos coinciden en sus opiniones en sus partes esenciales.

Recuerdo que tuve la oportunidad de obsequiar el libro de Mason a mi estimada Samanta Jiménez, clavadista de origen acuariano, de talla mundial, después de su accidente hace varios años en un evento.

Dice Mason en su libro: "Todo lo que vale la pena hacer va a tener algunos obstáculos. Algunas personas ven los reveses como evidencia de que lo que sea por lo que han estado luchando simplemente no estaba destinado a ser".

En este libro inspirador, Mason les da a los lectores claves para nunca renunciar a sus sueños. Les muestra cómo hacer las preguntas correctas cuando están a punto de renunciar, cómo evitar problemas innecesarios y cómo mantener su nivel de energía frente a los contratiempos. Ya sea que los lectores estén construyendo un negocio, una familia, un portafolio o relaciones, encontrarán la fuerza y la motivación para continuar, abrirse camino y reclamar el premio.

En sus Marcas...

Es un libro bastante recomendable para todos aquellos que teniendo una meta, un proyecto, grandes propósitos, de pronto ven como todo se derrumba y parece poner fin a sus sueños.

Hemos conocido de personajes muy famosos que en algún punto de su vida fracasaron o fueron rechazados en sus proyectos, pero todos ellos tuvieron una característica:

Nunca se rindieron

Michael Jordan, los Beatles, Walt Disney, Albert Einstein, Oprah Winfrey, entre otros, nos enseñaron que lo importante no es fallar, sino no levantarse.

El Apóstol San Pablo refiriéndose a nuestra vida espiritual a aprender a vivir con fe nos hace una exhortación que es aplicable en nuestra vida personal, familiar, laboral, deportiva, etc.

San Pablo nos dice:

> **"...estamos atribulados en todo más no angustiados, en apuros, más no desesperados...derribados, más no destruídos"**

Y más adelante dice: "por tanto no desmayemos...".

El mensaje es claro, pase lo que pase, **Never give up – nunca te rindas.**

La clave es la persistencia, el insistir, como dice el poema favorito de los británicos del inglés Rudyard Kippling:

Rafael Belmonte Olivares

**"Cuando vayan mal las cosas, como a veces suelen ir
cuando ofrezca tu camino, solo cuestas que subir
cuando tengas mucho haber, pero mucho que pagar
y precises sonreir, aun teniendo que llorar
cuando ya el dolor te agobie y no puedas mas sufrir
descansar acaso debes, pero núnca desistir"**

Así que ánimo, a seguir adelante.

Capítulo 10

Éxito y Liderazgo

Normas Para Ser Un Triunfador

Les comparto un sumario de una conferencia del entrenador George Blok que nos dio durante la Clínica Mundial de Entrenadores realizada en Anaheim, California hace un buen tiempo. Sus comentarios siguen vigentes. He aquí la síntesis de su Conferencia:

"Los imbatibles son aquellos que están en su propio mundo". Ellos no compiten contra los demás, compiten contra sí mismo. Estas son las normas que deben seguir si quieren ser unos triunfadores:

- Si tu ya sabes lo que tienes que hacer y sabes cómo hacerlo, no lo pienses hazlo.
- Siempre debes estar preparado. Mientras los demás están descansando tú debes estar entrenando y perfeccionando con la conciencia que el tiempo está trabajando para ti.
- No te motives por nada externo. La mejor motivación es la tuya propia, la motivación interna.
- Nunca te des por satisfecho.
- Siempre mantén el control de las situaciones.
- Se sincero contigo mismo.
- Nunca dejes de presionar para lograr tus metas.
- No tengas miedo de fallar.
- No compitas contra los demás, haz que ellos compitan contra ti.
- Nunca dejes de aprender
- El éxito no es suficiente, este solo aumenta la presión.
- No te detengas por triunfar. Muchos no pueden manejar el éxito. Cuando ellos logran lo que quieren, ellos dejan de hacer las cosas que los llevaron a triunfar.

El éxito se convierte en un catalizador del fracaso.
- Siempre entrena con un alto nivel de humildad.
- Deja que tu trabajo hable por ti mismo.
- Siempre trabaja en tu fuerza mental.
- La confianza es tu mayor activo. El mejor entrenamiento que puedes hacer es el entrenamiento de tu mente. Dondequiera que tu mente vaya, tu cuerpo le seguirá.
- Tu confianza determinará el tamaño de los retos o desafíos que emprendas. Si tú no te tienes confianza nunca llegarás a los primeros lugares.
- Rodéate de personas como sean como tú quieres ser. Las expectativas de las personas que te rodean en gran medida determinarán como tú te desempeñes.
- Perdona, pero recuerda. El perdón mejora tu salud emocional y física.
- Ten bien claras tus metas. Metas a corto plazo son muy útiles en un plan a largo plazo. Las más motivantes metas deben ser bien definidas y con un límite de tiempo.
- Las metas deben estar enfocadas en el comportamiento no en los resultados.
- Actúa inmediatamente. El que duda está perdido.
- Elige la simplicidad. La sabiduría es atemporal y simple.
- Nunca seas envidioso o celoso de los demás. Los triunfadores quieren lo que es mejor para cada quien.
- Toma una tarea a la vez.
- No te dejes atrapar por tus éxitos, enfócate en lo que te llevó allí. El trabajo. Nunca olvides lo que te llevó al triunfo.
- Piensa y actúa. El progreso está construido sobre la valentía y la creatividad.
- Establece metas que excedan tus actuales capacidades.
- Toma un tiempo para tu recuperación. Si tú nunca tomas un tiempo entre los entrenamientos tú no estarás listo para construir la fuerza, la resistencia y demás capacidades.
- Empieza antes de que estés listo. "El mejor tiempo para

sembrar un árbol fue hace veinte años. El segundo mejor tiempo es ahora" (Proverbio chino).
- Los que van a tener éxito lo harán, independientemente de lo que otros digan.
- Muchas personas quieren hacer lo que les funcionó a otras personas.
Nadie debe darte permiso para vivir tus sueños.
- Un buen entrenador hará que sus nadadores vean lo que ellos quieren ser, no importa lo que ellos sean".
(Ara Parseghian).
- "Un gran deportista hace que que todos los que están a su alrededor sean mejores".

Sabios consejos de un gran entrenador.

Rafael Belmonte Olivares

3 Hábitos Diarios para Alcanzar el Éxito

**"El secreto de mi éxito
fue rodearme de personas mejores que yo"**
Andrew Carnegie

Les comparto un artículo de **Bob Bowman** uno de los entrenadores más exitosos de la natación a nivel mundial y olímpica. Su mejor nadador es el ampliamente reconocido **MICHAEL PHELPS.**

Algunas personas van de buenos a excelentes profesionalmente, pero otros, como Bob Bowman el entrenador del mayor medallista olímpico de la historia van de excelentes a grandes.

Bob en reciente conferencia donde hablaba de su libro The Golden Rules: 10 Steps to World Class Excellence in Your Life and Work Las reglas de oro: 10 pasos para la excelencia de clase mundial en su vida y trabajo- expuso Los tres hábitos diarios para alcanzar el éxito.

Hábito No. 1: Visión

La visión, según Bowman, es nadar un tiempo para ser lo suficientemente rápido como para ganar una medalla. La estrategia de Bowman es ayudar a sus atletas a que se centren en el proceso, no en el resultado. No se puede controlar o predecir quién va a ganar una medalla en una prueba determinada, "pero si eres lo suficientemente rápido, el resultado va a salir por de sí mismo". Las medallas son las recompensas tangibles, pero Bowman cree que, como líder este hábito diario dará lugar a la grandeza a largo plazo.

Hábito No. 2: Ensayo Mental

Visión y ensayo mental son las dos caras de la misma

moneda. "Debe programar su visión interna", Bowman está hablando de la visualización y nadie, en opinión de Bowman, lo hace mejor que Michael Phelps" Durante meses antes de una prueba de Michael entra en un estado relajado. Mentalmente ensaya durante dos horas al día en la piscina. Él se ve ganador.

El huele el aire, el sabor del agua, oye los sonidos, ve el reloj. "Phelps va de la visualización un paso más allá. Él se ve desde el exterior, como espectador en las gradas. Se ve también a sí mismo para superar los obstáculos. Por ejemplo, ¿qué haría si se caía más atrás en una prueba que pretendía ganar? Phelps practica todos los escenarios posibles.

Según Bowman el ensayo mental es una técnica bien establecida demostrada para alcanzar el máximo rendimiento en casi todos los esfuerzos." El cerebro no puede distinguir entre algo que está vivamente imaginado y algo que es real.

El cree que todos nosotros, independientemente de nuestro campo tenemos una fuerte creencia en lo que somos hoy y que nos gustaría estar mañana. Cuando nos fijamos metas en los negocios, deportivos o de cualquier área profesional, hay una brecha entre donde estamos y donde queremos estar.

"La imagen mental más fuertemente arraigada es donde podrás conseguir algo realmente bueno" Así de bueno es el ensayo mental. Aconseja Bowman "Si se puede formar una imagen mental fuerte y visualizar a ti mismo haciéndolo, su cerebro inmediatamente encontrará la forma de llegar hasta allí".

Hábito No. 3: Práctica

Una persona puede ser bendecida con talento en bruto (una envergadura de dos metros como Michael Phelps), pero nadie puede alcanzar la excelencia sin horas y horas de práctica. Para prepararse para los Juegos Olímpicos de 2004 "Michael Phelps entrenó los 365 días del año durante seis años, dice Bowman "Lo sé porque yo estuve con él.

"Para Navidad, Año Nuevo y cumpleaños. Michael trabajó lo más duro que he visto a nadie el trabajo en cualquier empresa".

Un excelente rendimiento en cualquier campo puede ser engañoso. El público a menudo asume que el atleta tiene un talento natural que hace que parezca fácil.

El maravilloso resultado de la práctica es que se ha programado literalmente su cerebro para un rendimiento máximo. En el día del evento se puede despejar su mente y su cuerpo y confiar en que van a hacer lo que ha practicado decenas de veces, cientos o en el caso de Phelps, miles de veces quizás.

Bowman no recibe muchas veces la gloria pública que hace su famoso atleta, pero no se equivoquen: no hay Michael Phelps sin Bob Bowman y sus hábitos diarios. "Sin Bob no tengo ninguna oportunidad de alcanzar las marcas o ganar las medallas", escribe Phelps en el prólogo al libro de Bowman.

La práctica de estos tres hábitos diarios puede que no te lleve, o si, a los Juegos Olímpicos, pero será más probable que mejores grandemente en tu próxima competencia.

Sabias palabras de Henry Ford, quien dijo:

"Que extraño: cuanto más me esfuerzo, más suerte tengo"

En sus Marcas...

Actitud de Vencedor

"Nuestra actitud determina nuestra altitud"

Este es uno de los temas que como entrenadores debemos siempre trabajar con nuestros deportistas, su actitud ante los retos del entrenamiento, las competencias, los obstáculos para el logro de sus metas, etc.

Aún como personas a veces nos sentimos derrotados, caemos, tenemos problemas, pero como dije líneas arriba, lo más importantes es como reaccionamos ante la adversidad.

En mi pequeña biblioteca tengo uno de los primeros libros que escribió el Dr. John C. Maxwell.

Los lectores de libros de superación personal, motivación, autoayuda, liderazgo, administración y otros temas relativos sabrán quien es el Dr. Maxwell.

Este libro, editado en 1993, se intitula:

Actitud de vencedor

Es grato volver a leerlo, recordar los principios básicos acerca de las claves del éxito personal.

Entre las joyas de los pensamientos que describen la actitud me gusta lo que escribió J. Paul Getty, el cuál expresó:

**"No importa cuanto conocimiento
o experiencia posea un ejecutivo,
si no puede lograr resultados con la gente,
es inutil como ejecutivo"**

Uno de los ingredientes más importante para tener resultados con la gente, ya sean atletas, entrenadores, dirigentes, autoridades, padres, etc., es saber conectar con cada uno de ellos.

Rafael Belmonte Olivares

No en balde dijo John D. Rockefeller:

"Pagaría más por la habilidad de saber trabajar con la gente que por cualquier otra habilidad bajo el sol"

Los que trabajamos con personas y deportistas tenemos que saber conectar con ellas y con ellos para poder tener éxito en lo que hacemos.

Pero esta habilidad tiene que desarrollarse, tiene que entenderse porque tenemos que mantener esa actitud.

Coincidentemente con la lectura del libro citado tuve la oportunidad de ver la estupenda serie THE LAST DANCE.

Esta serie relata la vida triunfadora del ícono del basquetbol mundial Michael Jordan.

Una vida llena de triunfos pero que se basó en un principio de fracasos.

A pesar de los fracasos Jordan siempre mantuvo una y otra vez una actitud de vencedor.

Nada ni nadie lo desanimó para lograr llevar a un equipo perdedor en el equipo que ganó seis campeonatos en la NBA.

Siempre fue un líder, junto a otros íconos como Scottie Pippen, Dennis Rodman y el coach Phil Jackson, juntos construyeron una dinastía vencedora.

Una frase de Jordan es:

"Puedo aceptar el fracaso, todo el mundo falla en algo, lo que no puedo aceptar, es no intentarlo"

Esa es una mentalidad vencedora.

Para Jordan y los Chicago Bulls no fue fácil, pero esos son los desafíos que motivan a quienes tienen una actitud positiva. Para ello se requiere que el cambio empiece en cada uno de nosotros.

En sus Marcas...

**"El cambio no viene de otros,
viene de nosotros"
"Un ganador, es un perdedor
que núnca se dio por vencido"**

Detrás de cada triunfo hay muchos años de esfuerzo y sacrificio. Es en los momentos difíciles en los cuales debemos mantener nuestra actitud vencedora.

Hay dos cosas que nos definen:

**Nuestra paciencia cuando
no tenemos nada
y nuestra actitud cuando tenemos todo**

Me gustan los Cinco **Nuncas** de Steve Jobs, otro líder con mentalidad triunfadora:

- Nunca darse por vencido.
- Nunca aparentar.
- Nunca permanecer inmóvil.
- Nunca aferrarse al pasado.
- Nunca dejar de soñar.

Si procuramos mantener la actitud correcta ante las circunstancias de la vida, podremos fallar, pero si insistimos, al final saldremos vencedores.

Para finalizar recordemos que

**"Una mala actitud
es como una llanta ponchada,
nunca llegaremos a ningun lado
si no la cambiamos"**

Rafael Belmonte Olivares

Tengamos siempre presentes las palabras del Dr. Martin Luhter King Jr.:

> **"Si no puedes volar corre,**
> **si no puedes correr camina,**
> **si no puedes caminar entonces arrastrate,**
> **pero sea lo que hagas,**
> **sigue moviéndote siempre hacia adelante"**

Bien dijo el gran Babe Ruth:

> **"Es difícil derrotar a una persona**
> **que nunca se rinde"**

Como dijo el poeta Rudyard Kipling:

> **"Cuando las cosas vayan mal,**
> **como a veces suelen ir...descansar acaso debes,**
> **pero nunca desistir"**

Clave del Éxito

La Disciplina

**"La diferencia entre una persona exitosa
y otra que no lo es,
no es la falta de fuerza o conocimiento,
sino la falta de voluntad"**
Vincent T. Lombardi

Éxito y fracaso son dos términos usados para definir el logro o la falla de alcanzar los propósitos y metas que nos propusimos en nuestra vida, nuestro trabajo o cualquier otro tema en el cual ponemos todo nuestro empeño por alcanzar.

Los deportistas, los padres de familia y muchas veces también los entrenadores se preguntan ¿Cuál es la clave para alcanzar el éxito en el deporte?

Hoy, quiero compartirles mi punto de vista y la opinión de algunos expertos en la materia, respecto a lo que han observado y aprendido con sus atletas y con atletas de clase mundial, no sin antes puntualizar que ni el **Éxito** ni el **Fracaso** son definitivos; nada es para siempre.

La opinión es que para lograr llegar a la cima del éxito hay cumplir con tres elementos fundamentales, hoy, en esta primera parte, les comparto este principio:

Disciplina

Entendemos a la disciplina como "el conjunto de reglas o normas cuyo cumplimiento de manera constante conducen a cierto resultado."

Decía un sabio entrenador:

**"Puede haber trabajo sin éxito,
pero nunca habrá éxito sin trabajo"**

Esto mismo lo podemos aplicar en el renglón de la disciplina.

El deportista que quiere ver coronado sus esfuerzos tiene que someterse a una férrea disciplina.

Tiene que "castigar sus cuerpo" con el entrenamiento diario. Una frase motivacional muy conocida dice:

"Sin dolor no hay triunfo"

Un buen atleta siempre en sus entrenamientos está cerca del umbral del dolor. Quien se la lleva tranquila en el trabajo nunca logra lo que desea. Hay que salir de la zona de confort.

El deportista en su entrenamiento tiene que trabajar la milla extra.

Hemos conocido a atletas de éxito decir que para ellos no hay fiestas, no hay desveladas, no hay comida chatarra, no hay reuniones con los amigos fuera de las albercas campos y canchas, no hay vacaciones ni días festivos, etc. Muchos de ellos por años no han probado un refresco, mucho menos licor. Se abstienen de mucho con tal de ganar.

Los exitosos ya están entrenando cuando la gran mayoría de los deportistas están durmiendo y "soñando" con el éxito. Son muy pocos los que aceptan los desafíos de los entrenamientos en las madrugadas, los que entrenan a pesar del mal tiempo, nortes, lluvias, frío, etc.

El Apóstol San Pablo dijo:

"Todo aquel que lucha de todo se abstiene…
para ganar una corona" (1ª. Corintios 9:25)
y "golpeo mi cuerpo y lo pongo en servidumbre…
no sea que yo mismo venga a ser eliminado" (9:29)

En sus Marcas...

El atleta tiene que tener dominio de sí mismo al entrenar para alcanzar la meta y recibir el premio.

Hemos visto a muchos atletas quedarse a entrenar tiempo extra aun cuando sus compañeros ya se han retirado. Muy conocido el trabajo extra de Hugo Sánchez cuando estaba en el futbol español o el de Michael Phelps cuando se preparaba para los JO.

Disciplina es acatar, obedecer, cumplir con las normas, las reglas, los planes y programas de los entrenadores.

La disciplina es necesaria, primero para el aprendizaje, luego para el desarrollo y luego para el perfeccionamiento.

La disciplina tiene un largo camino que recorrer. Muchos tiran la toalla por falta de disciplina y cuando relajan las normas y se apartan de ella pierden el camino y no logran las metas.

La disciplina hace la diferencia entre los triunfadores y los frustados. Es la línea de separación de los niveles entre los que triunfan y los que participan, los espectadores.

Así que si queremos alcanzar el éxito hay que someterse a la disciplina. Va a doler, pero es necesario. El confort, la comodidad, el relax no nos llevará al triunfo.

La disciplina, primer elemento de la **Clave del Éxito.**

**"La distancia entre un sueño y la realidad
se llama disciplina"**

Rafael Belmonte Olivares

La Clave del Éxito

La Organización

*"Pon tu corazón, mente y alma,
aún en los detalles más pequeños,
ese es el secreto del éxito"*

En la primera parte de este artículo comentaba acerca de las **CLAVES DEL ÉXITO**. Aquellos elementos que llevan al deportista al triunfo, lo que lo separa de los participantes y de los espectadores y lo convierten en protagonistas.

Hoy quiero hablar acerca de otro elemento fundamental en la vida del deportista que quiere alcanzar el éxito:

LA ORGANIZACIÓN

En todo trabajo, tarea, entrenamiento, debe tenerse muy en cuenta la ORGANIZACIÓN de las actividades del atleta y del entrenador y también de los dirigentes deportivos.

El atleta debe controlar todas sus actividades de tal manera que estas no sean un impedimento tanto para sus entrenamientos como para las competencias.

En nuestro país es común que cuando los deportistas llegan al nivel de enseñanza media superior y sobre todo en el nivel universitario se encuentran en una gran disyuntiva: o entrenan o estudian.

Nuestro sistema educativo mexicano no está conformado de tal manera que se puedan compaginar fácilmente los estudios y el deporte.

En México, casi la gran mayoría o estudia o entrena, o entrena a un nivel que no es el óptimo y por lo tanto esto no le permite alcanzar un alto rendimiento.

A pesar de que aún existe en México la Universiada o Juegos Universitarios que convocan, promueven y estimulan a los estudiantes de nivel superior en eventos deportivos, las instituciones universitarias y de nivel superior no han brindado las facilidades al atleta para su preparación o competencia.

A pesar de que el sector universitario está compuesto por un gran número de atletas con alto potencial, no se les han dado las facilidades para su desempeño deportivo. Es por esa causa que el sector universitario en México aporta un pequeño porcentaje de las selecciones nacionales para los eventos internacionales y olímpicos.

Por esa razón el atleta debe organizarse para poder compaginar todas sus actividades sin menguar en ninguna de ellas.

Tenemos ejemplos de atletas que lo han logrado en México. Mencionamos solamente el antecedente de una de nuestras mejores nadadoras mexicanas hasta hace poco, Liliana Ibáñez quien acababa de concluir sus estudios universitarios en una institución americana y al mismo tiempo estaba compitiendo en un alto nivel internacional. Ella dijo: "Jóvenes, si se puede estudiar, entrenar y competir. Yo lo hecho, ustedes también lo pueden lograr".

Por la falta de estructura, facilidades y apoyo en México muchos de nuestros atletas de alto rendimiento tienen que emigrar, sobre todo a los Estados Unidos, donde el atleta recibe todo el apoyo (becas, estudios, instalaciones, entrenadores, competencias, etc.) para su desarrollo.

En Estados Unidos el sector universitario es un bastión tanto para el deporte de alto rendimiento como para el deporte profesional. Muestra de que sí se puede.

Nuestros atletas, entrenadores, dirigentes y autoridades deportivas tienen que saber compaginar y apoyar de tal manera a los deportistas en sus actividades: escolares, deportivas, afectivas, sociales, familiares, etc., de tal manera que todas sean incluyentes en su formación.

Otro de los distractores que los atletas tienen es cuando intentan practicar, entrenar y competir en varias disciplinas deportivas al mismo tiempo y al mismo nivel.

Esto es posible y acertado en las etapas menores e infantiles. Pero ya en las edades juveniles deben definir cuál es su prioridad. En las edades mayores no es posible atender con el mismo nivel dos o más deportes, teniendo ellos excelentes resultados.

Como dice la Escritura:

"El que a dos amos sirve, con uno queda mal"

Atender lo prioritario y prescindir de lo que no es esencial.

En estos tiempos en que nuestros niños y jóvenes están llenos de actividades se requiere que los deportistas sean metódicos y organizados, que planifiquen bien sus tareas y actividades para que una no sea el impedimento de la/s otras.

Así como el entrenamiento debe estar bien planificado, el deportista debe ser bien organizado. Deberá tener el control de todas sus actividades para poder tener un excelente desempeño deportivo.

Disciplina y la Organización van de la mano y son características de los atletas de éxito.

La Clave del Éxito

Compromiso

Les he compartido mi pensamiento acerca de cuál es la Clave del Éxito de muchos deportistas.

Les he hablado acerca de la **Disciplina y la Organización**, hoy quiero comentarles acerca otro punto:

Compromiso

De nada sirve que nosotros tengamos muchos sueños, nos fijemos metas, entrenemos, compitamos, si no tenemos un verdadero compromiso, primero con nosotros mismos y después con nuestro deporte.

Cuando estamos involucrados en un deporte (o cualquier otra actividad) y tenemos metas y objetivos debemos comprometernos a trabajar para lograr este fin.

El compromiso, en cualquier ámbito, es el grado de implicación que tenemos con respecto a la propia actividad.

Estar comprometido significa poner todos los medios a nuestro alcance para conseguir un objetivo sin importar el tiempo que sea necesario o el esfuerzo que debamos realizar.

En el campo del deporte encontramos muchos ejemplos de compromiso personal y colectivo en la idea común de superarse día a día, de llegar más lejos, de hacerlo mejor.

El deportista comprometido no duda en darlo todo para que el mismo y su equipo se beneficien.

Para que este compromiso verdaderamente funcione debe ser una obligación que el mismo deportista se imponga.

La mejor motivación es el compromiso interno. El que hace el deportista por convicción interna, por auto obligación.

Cuando las presiones son externas (de los padres, de los entrenadores, de los dirigentes, autoridades, etc.) a veces también funcionan o tienen un efecto temporal, pero ejercen menos efecto que las internas.

El compromiso de un deportista sería la disposición psicológica de éste a través de la cual decide y quiere seguir practicando su deporte.

Dicho compromiso estará determinado por el grado de motivación que obtenga de la participación en el mismo.

El deportista debe obligarse por sí mismo a entrenar arduamente, a sacrificar muchas comodidades, ir hasta la agonía, ir la milla extra, todo con el fin de lograr su objetivo.

El compromiso es una capacidad que el deportista debe adoptar para lograr cambios y mejorías en su desempeño.

Si el deportista no está verdaderamente comprometido tendrá una preparación y una competencia deficiente.

La falta de compromiso se refleja en el entrenamiento y en la vida diaria.

El compromiso significa respetar y acatar las instrucciones y recomendaciones del entrenador, aunque no sean de su agrado y a veces aunque no entienda los motivos. Ya habrá un momento de que le sean explicadas las razones de las acciones del entrenador.

Entre otros puntos el deportista debe comprometerse a:

1. Asistir con puntualidad a los entrenamientos con la ropa deportiva apropiada.
2. Respetar y cumplir con las instrucciones y orientaciones impartidas por el entrenador
3. Aprovechar el tiempo de entrenamiento, esforzándose al máximo.
4. Mantener siempre un espíritu de amistad, solidaridad y respeto por sus compañeros.
5. Cuidar los materiales y las instalaciones donde se realizan los entrenamientos y las competencias.
6. Representar a su Club en cualquier evento deportivo que sea requerido, presentándose siempre impecablemente uniformado.

7. Entender que representar al Club tiene prioridad sobre otras actividades sociales y que su Club es más importante que cualquier otra institución que pueda representar.

8. Preocuparse por su alimentación y estado físico, evitando cualquier sustancia o actividad que ponga en riesgo su salud.

Para concluir, de nada sirven las otras dos características mencionadas si el atleta no tiene un real **Compromiso**.

Se requiere que el atleta que quiere tener éxito en su disciplina trabaje arduamente con la **Disciplina**, su **Organización** y su **Compromiso**.

Sin estos elementos no habrá el resultado deseado.

Rafael Belmonte Olivares

La Importancia de la Persistencia

"El secreto del éxito es la persistencia hasta llegar a la meta"

A lo largo de mi carrera como maestro y entrenador he visto muchos casos de grandes promesas del deporte que finalmente no llegaron a lograr las expectativas que crearon en sus inicios.

Sus logros en la etapa infantil y juvenil hicieron concebir a los mismos deportistas, sus padres y entrenadores que alcanzarían logros mayores, pero de pronto abandonaron o desistieron de seguir adelante.

Consideramos que: persistir es sinónimo de insistir, no claudicar, seguir adelante hasta el final, nunca darse por vencido.

Hay muchas razones por las cuales los valores deportivos desertan, abandonan.

Entre las principales causas de la falta e persistencia los expertos han encontrado las siguientes:

- Muchos atletas no tienen la necesaria paciencia cuando no obtienen un logro inmediato, hay que intentarlo una y otra vez.
- Otros desisten porque el plan de trabajo no les funciona, no considerando qué si falla el plan, se puede cambiar el plan, pero no la meta.
- Por la falta de objetivos específicos.
- Una mala planificación de las metas fundamentales.
- A veces queremos logros inmediatos, algunos deportistas, entrenadores y padres de familia se les olvida que la carrera deportiva no es de velocidad, sino de resistencia, es decir a largo plazo.
- Otros tienen miedo al fracaso.
- Tienen temor a equivocarse.

- Por falta de carácter, para encarar los fracasos, se olvida que las derrotas muchas veces dejan más enseñanza que los triunfos. Los mejores triunfos vienen de las peores derrotas.
- Pierden de vista la meta principal.
- Dejan de participar cuando no tienen éxito en el primer intento.
- No hay que perder el piso con las primeras victorias y acelerar el proceso de maduración de cada deportista, algunos entrenadores se saltan las etapas primarias del desarrollo. Esta es una de las principales razones por las cuales se abandona.
- Algunos entrenadores les someten a una carga excesiva de entrenamiento en edades tempranas. Coloquialmente se dice que el deportista "se quema" antes de tiempo, y por eso se desanima y abandona.
- Otros atletas cuando llegan a la edad de los estudios superiores no pueden conciliar el entrenamiento con los estudios, es mucha la carga de ambos lados y poco a poco empiezan a dejar el deporte y se dedican mejor a la escuela.
- Al llegar a la etapa juvenil los atletas inician su vida social, las fiestas, reuniones de amigos fuera del deporte, visitas a centros de diversión, etc. conocen que hay otra vida más fácil y divertida fuera del deporte y esto hace que se alejen del entrenamiento y las competencias.

Consejos:

- Aparta de tu camino todo aquello que te estorbe para lograr tus metas.
- Recuerda que no hay fracasos, solo hay muchas maneras de lograr lo que quieres.
- Nunca te rindas, a veces la última llave es la que abre la puerta.
- No es grande aquel que nunca falla, sino aquel que nunca se da por vencido.
- Cuando se avecina la tormenta los pájaros huyen y se esconden, pero las águilas vuelan aún más alto.
  ¡Sé un águila!

- Tienes que persistir, si todo fuera fácil, cualquiera lo haría.
- La clave está en insistir, resistir, persistir, pero nunca desistir.
- La persistencia es fundamental: La gota rompe la piedra, no por su fuerza, sino por su persistencia.
- Una de mis frases favoritas con mis nadadores era:

> **"Seguir cuando no puedes más,
> es lo que te hace diferente a los demás"**

- No te rindas, si te rindas, si abandonas hoy, de nada sirvió todo el esfuerzo que hiciste ayer.

- Walt Disney dijo:

> **"La diferencia entre ganar y perder,
> a menudo consiste en no abandonar"**

- Puede ser que todavía no has llegado a la meta, pero ten en cuenta que hoy estás más cerca que ayer.

Se atribuye al Dr. Martin Luther King la siguiente frase:

> **Si no puedes volar, corre,
> si no puedes correr, camina,
> si no puedes caminar gatea,
> pero hagas lo que hagas
> ¡Tienes que seguir hacia adelante!**

El ideal es que los deportistas puedan llegar a la madurez deportiva y trabajar para que no abandonen a medio camino.

En sus Marcas...

Capítulo 11

Política y Deporte

El Deporte y la Política

**"El poder no cambia a las personas,
solo revela lo que verdaderamente son"**
José "Pepe" Mujica

Estamos en días de propaganda electoral. En nuestro país y en nuestro Estado de Veracruz estamos sufriendo las campañas electorales.

Escuchamos y vemos día a día los spots donde cada candidato ofrece sacar adelante el país y el Estado.

Vemos y escuchamos muchas denostaciones y recriminaciones tanto de uno como del otro lado.

Las propuestas son muchas y variadas. Casi todos dicen lo que van a hacer, lo que no dicen es como lo van a hacer.

Pero, nadie hasta ahora, he escuchado que cuando tocan el tema de la educación incluya el importante aspecto de la educación física y el deporte.

Ni el **"ser, ni como ser"** han sido incluidos en las propuestas.

Tal parece que el tema no tiene la mayor importancia.

En nuestro país para las autoridades y gobernantes la educación física y el deporte consisten solo en jugar con la pelotita.

Se olvidan de la máxima:

"No hay educación integral sin Educación Física"

Nuestro país nunca podrá elevar su nivel de formación si no le da tiempo, lugar, espacio, recursos y material a estas áreas.

El problema empieza o se acrecienta cuando llega el momento de designar a los funcionarios de estas áreas.

**"Cuando soplan vientos de cambio
algunos construyen muros, otros molinos"**
(Proverbio Chino)

Como de principio la educación física y el deporte no son del interés prioritario de las autoridades, casi siempre ponen al frente de estas instituciones a personas afines o cercanas o utilizan estos espacios para pagar deudas políticas.

Bien decía el insigne Maestro Juan Maldonado Pereda:

**"En política no siempre llega el mejor,
sino el que más conviene"**

Nunca esta sabia máxima ha tenido mejor lugar.
Como resultado de estas decisiones el deporte sufre las consecuencias.
Los deportistas, los entrenadores, los clubes, los equipos, las asociaciones y el pueblo en general tienen que soportar las malas decisiones producto de la improvisación y una mala designación.

Pero **"no hay mal que dure cien años"**, ni pueblo que lo aguante.

Decía un maestro: **"Esto también pasará"**

Lo malo en que esos períodos de ineficiencia e ineficacia se pierden deportistas, generaciones y muchos talentos.
Los que pueden emigran y buscan mejores horizontes, los que no, tienen que esperar mejores tiempos.
A algunos funcionarios y sus amigos se les olvida que nada es eterno. Y que todo lo que están sembrando, eso cosecharán.

En sus Marcas...

**"El opresor no sería tan fuerte
sino tuviera complices
entre los propios oprimidos"**
Simone De Beauvoir

Falta poco para saber quién y quienes habrán de tomar las riendas de los gobiernos nacionales y estatales.

Nosotros tenemos una parte de la decisión.

**"No puedes cambiar el viento,
pero puedes ajustar las velas
para alcanzar tu destino"**
Paulo Coelho

Está terminando un ciclo y llega la esperanza de tiempos mejores.

Contribuyamos al cambio.

Rafael Belmonte Olivares

La Educación Física Clave para salir del Sedentarismo y Obesidad

Les presento la propuesta que el profesor Sandalio Sainz de la Maza de amplia trayectoria en el mundo deportivo nacional, exdiputado federal, coautor de la Ley del Deporte y Premio Nacional del Deporte 1985, presentó durante la conmemoración celebrada en San Luis Potosí recordando el 50 aniversario de la Olimpiada de México

La Educación Física disminuye radicalmente conductas destructivas como alcoholismo, drogadicción, violencia, sedentarismo, y enfermedades como la obesidad, diabetes e hipertensión, y por ello debe ser incorporada con mayor vigor y urgencia en México".

Una persona que hace deporte será más sana, con estructura de pensamiento más ordenado y en general será una persona más feliz porque también se liberan endorfinas cuando se practica ejercicio.

El mensaje profundo de una persona con sobrepeso y obesidad es que no puede ordenar su vida en ninguna área: finanzas, salud, familia, desarrollo personal. Si alguien logra cambiar su físico, podrá entonces construir la vida que anhela, independientemente de las circunstancias.

El deporte es la antítesis de la violencia, la contrapartida de la clausura humana, por eso es tan importante la actividad física deportiva; la persona que la implemente se cuidará y cuidará de los suyos, porque cuida de estar en condiciones de vida integral óptima.

"Sin educación física, las matemáticas son irrelevantes; somos una fábrica de niños enfermos"
Sandalio Sainz De La Maza.

De qué le sirve al país, que los niños mejoren en matemáticas si están obesos.

Actualmente México es una fábrica de enfermos, por los hábitos sociales que hemos elegido, y para devolverle la salud al país es necesario que regrese la práctica de la Educación Física y el deporte en cada escuela del país.

Necesitamos una transformación radical, un cambio de paradigmas en el campo de la educación física y que haya un órgano rector que marque la política de estado educativa en esta materia, o de otra forma seguiremos con el caos y la anarquía que impera en la educación física.

La ausencia de la práctica del deporte en las escuelas del país provoca que tengamos obesidad en niños de 10 años, que ya tienen diabetes; el futuro de ese niño es que cuando tenga 40 le amputarán una extremidad, a los 50 será ciego, y luego morirá.

Nadie está contento con la forma en cómo se practica el deporte en México ni la representatividad que tenemos, que está relacionado con el problema de la obesidad que padece México, donde el sedentarismo está matando a las personas y detonando más enfermedades como cáncer, problemas vasculares, coronarios, conductuales, entre las que señala la **Organización Mundial de la Salud.**

Por eso para poder acabar con el deporte mediocre que tenemos en México es necesario transformar la Educación Física impartida en el país.

Se reconoce la labor que actualmente hacen los profesores y licenciados en Educación Física que, sin instrumentos legales ni jurídicos, ni didácticos ni académicos de ningún tipo, y sin programas de educación física profesionales, hacen lo que pueden.

Debe haber un programa educativo en cada práctica física que se imparte en el país, con un margen de maniobra estatal para que se aplique en las entidades de acuerdo con su idiosincrasia, con su topografía, historia, regionalismos, etcétera.

No es igual cómo se práctica educación física en una escuela de Tepito, que en una de Chiapas.

Perdimos de vista lo que logramos por no saber ver al futuro que necesitamos. Y actualmente, aunque fue reformada la Constitución Política en su artículo 4°, se incumple en cada escuela el mandato que señala "toda persona tiene derecho a la cultura física y a la práctica del deporte; corresponde al Estado su promoción, fomento y estímulo conforme a las leyes en la materia".

El Poder ejecutivo ha dejado de hacer cosas en beneficio de la comunidad en esta materia, y hemos ido para atrás dejando la educación física y el deporte escolar a la deriva totalmente, ahí está el problema de la obesidad metido en el servicio público nacional en todo el país.

Devolver la salud es una prioridad en los planes del país, necesitamos un cambio radical de paradigmas en lo que se refiere a educación física para que devolvamos la salud a México, a través de ésta.

No buscamos crear una cultura de campeonismo o medallismo, eso es una cosa secundaria porque de la cantidad surge la calidad; sino la implementación de programas de salud pública en beneficio de niños y jóvenes.

He aquí la propuesta. ¿Y usted qué opina?

En sus Marcas...

Las Instalaciones Deportivas Gubernamentales

Uno de los propósitos emanados del Programa Nacional de Cultura Física y Deporte de nuestro país es el de implementar estrategias para la práctica de la actividad física y el deporte como una prioridad fundamental para construir una nación de ciudadanos íntegros.

Incorporar el hábito de la activación física sistemática, mejorar la capacidad funcional y la calidad de vida, promover el sentido de pertenencia y el orgullo por los logros de nuestros representantes deportivos, definen la ruta por la que habrá de transitar la política pública en la materia, implicando para ello una serie de objetivos, estrategias y líneas de acción sobre el particular.

Una de las fortalezas con que cuenta nuestro país para el logro de tal fin es la red de instalaciones para el deporte de competencia. México cuenta con una gran cantidad de instalaciones importantes en el ámbito del deporte de competencia (Centro Deportivo Olímpico Mexicano, Centro Nacional de Desarrollo de Talentos Deportivos y Alto rendimiento, así como Centros Estatales de Alto Rendimiento en los Estados de Nuevo León, Baja California, Jalisco, Estado de México, Sonora, Tlaxcala, entre otros).

Podemos ver en el Sistema Nacional del Deporte que nuestro Estado de Veracruz no está considerado entre las instalaciones que se ocupan para tal fin.

A pesar de que tenemos excelentes instalaciones, muchas de las cuales fueron escenario de los Juegos Deportivo Centroamericanos y del Caribe del 2014 y también de varias Olimpiadas y campeonatos nacionales, las instalaciones de Veracruz no se consideran como Centros de Entrenamiento pilares en el Programa Nacional de la CONADE.

Habría que revisar cuales han sido las premisas que en las cuales las instalaciones deportivas de los tres niveles de gobierno se han desempeñado.

Rafael Belmonte Olivares

En un estudio realizado por la CONADE (2018) se encontraron las siguientes debilidades en el funcionamiento de las instalaciones deportivas:

Atención deficiente en el ámbito del deporte social, en la mayoría no hay personal contratado para desarrollar programas encaminados a la atención del deporte social

No existen ligas deportivas escolares y municipales.

No existe ningún diagnóstico de aptitud física. No se cuenta con información que permita conocer cuál es el estado de la aptitud física de los mexicanos, por lo que es difícil establecer de forma inmediata programas encaminados a promover la activación física.

Se carece de Programas de Activación Física. En general, la población recibe mucha información acerca de la necesidad de realizar actividades físicas, sin embargo, no existen programas que establezcan de manera clara qué requiere cada individuo para mejorar su salud y mucho menos que permitan dar un seguimiento.

Falta de Integración de la Iniciativa Privada en los Programas de Activación Física. Aunque existe un creciente interés por abatir el sedentarismo y las enfermedades crónicas degenerativas por parte de la sociedad en general, no existen programas unificados que convoquen a las empresas para que fortalezcan económicamente los esfuerzos por activar físicamente a la sociedad.

Falta de hábitos de práctica deportiva. Con carácter general, la población mexicana no tiene hábitos de práctica deportiva incorporados en su día a día, el 56.2% de la población mexicana de 18 años y más en área urbana es inactiva físicamente. De este universo, el 42% son hombres y el 58% mujeres.

Ello, entre otros factores, ha incidido en los resultados del deporte mexicano en el contexto internacional. Aunque han mejorado en las últimas décadas, los resultados deportivos que obtiene México -sus deportistas, equipos y selecciones- en el contexto internacional no son proporcionales a la densidad demográfica y la dimensión del país. México ocupó el puesto 39 en el medallero de los Juegos Olímpicos de Londres 2012; de entre los 38 países que lo superaron, 13 están por debajo de el en dichos rubros.

Si tomamos como referencia el Índice de Desarrollo Humano, publicado por el Programa de Naciones Unidas para el Desarrollo, es un dato que apunta que el país debería y podría estar mejor situado en el listado de potencias deportivas mundiales.

Rafael Belmonte Olivares

¿Deportistas, Dirigentes o Políticos?

"Ser o no ser, esa es la cuestión"
(Hamlet-W. Shakespeare)

Estamos en tiempos pre electorales y no podemos sustraernos de este tema, sobre todo cuando se involucran personas del medio deportivo.

A lo largo de los tiempos hemos sido testigos de cómo hay una metamorfosis de deportistas que de pronto se convierten en dirigentes deportivos o en políticos.

Y no se mal interprete. Todos tenemos derecho a ser parte de la administración tanto deportiva como política, a intentar ser parte de un gobierno o de una dirigencia en cualquier ámbito para así ser parte del servicio al pueblo.

El meollo del asunto es cuando esa transición se da cuando terminan su carrera deportiva e inmediatamente pasan a otro nivel, que en la mayoría de los casos le es desconocido o para decirlo mejor no están preparados.

Existe un pensamiento, en muchos casos erróneo, de que nadie puede entender mejor a un deportista que otro deportista. Aquel que ha conocido todos los problemas, carencias, faltas de apoyo, no tener las instalaciones adecuadas para entrenar, sin recursos para su fogueo, sin becas, aquel que sabe los sacrificios y esfuerzos que hay que hacer para lograr las metas y propósitos, se supone que entre los que ya pasaron por eso y los que están en el camino debe haber cierta empatía.

En muchos casos, desafortunadamente muchos, la realidad es otra y se convierte en una pesadilla.

Hemos sido testigos de cómo algunos de los ex deportistas en lugar de apoyar a sus pares se convierten en piedras de tropiezo.

El error es que llegan al cargo o puesto sin la preparación requerida y solo se apoyan en su experiencia deportiva qué, aunque es importante no es suficiente.

Y eso hace que su desempeño como dirigente deportivo o como político sea ineficiente.

Bien decía el Ex Presidente Miguel de la Madrid:

"La ineficiencia es una forma de corrupción"

Pero no se puede generalizar, también hemos visto a muchos deportistas de alto nivel que a la par, o cuando terminan su carrera, tienen una formación académica, profesional que les permite acceder a puestos gerenciales o de las administraciones gubernamentales o de instituciones u organizaciones y ahí siguen "nadando como peces en el agua", la razón, su preparación, desarrollo y capacitación para el puesto.

No es casualidad que en otros países todo deportista universitario debe cumplir con los requisitos académicos, cuando no es así, no pueden avanzar en su carrera deportiva por muy brillantes que sean en el deporte. Es así que cuando terminan su carrera deportiva tienen una preparación que les permite acceder a otros niveles profesionales.

En nuestro caso, que es lo que nos ocupa, lo malo de nuestra política o de las administraciones deportivas o de gobiernos es que muchas veces solo consideran al atleta por su fama y presencia en los medios y los utilizan para captar votos y luego, cuando los ponen en el puesto no les dan el recurso para el desempeño de sus funciones y es ahí donde el deportista se convierte en un mal directivo o un mal político.

Muchos ex deportistas que llegan a cargos directivos o de gobierno pasan desapercibidos por su deficiente o mala administración. Pasan "sin pena, ni gloria". Lo peor es cuando los que aspiraban a ser beneficiados, apoyados por sus gestiones, se desilusionan y solo les queda expresar:

"Estábamos mejor cuando estábamos peor"

Triste situación.
Vivimos en un país donde nadie está donde debe estar.

Rafael Belmonte Olivares

Pero decía el Maestro Bartolomé Padilla:

"México es de corcho, no se hunde"

Necesitamos dirigentes, administradores, gobernantes que estén debidamente preparados para el desempeño de la función que le otorguen, no importa que no hayan sido deportistas de elite.

Nuestro deporte requiere administraciones y dirigencias eficientes. De otra manera seguiremos teniendo los mismos resultados.

Pero esa es nuestra opinión, ¿y usted qué opina?

En sus Marcas...

¡Odiosas Comparaciones!

**"Tu nivel más alto de ignorancia
es cuando rechazas algo
de lo cual no sabes nada"**
Dr. Wayne Dyer

Hay una frase muy común que nos dice que comparar es malo, y muchas veces incorrecto, pero algunos expertos nos dicen que al comparar podemos evaluar y conocer si estamos bien, si estamos mejorando o que estamos haciendo mal.

Cuando hacemos comparaciones estamos conociendo cuales son las semejanzas y cuales las diferencias entre dos productos, personas, organizaciones, gobiernos, empresas, instituciones, etc.

Eso nos permite conocer cuáles son los valores y cuales las desventajas de los entes comparados.

Unos amigos entrenadores me compartieron un artículo en el cual se comparan los sistemas de organización y trabajo entre la natación de los Estados Unidos (USA) y México.

Bien sabemos que la condición de esta disciplina deportiva, y de muchas otras, en ambos países es completamente diferente, pero aun así podemos aprender algo positivo que ayude a mejorar nuestro desempeño.

El artículo tiene resultados interesantes de los cuales podemos aprender, criticar, negar, menospreciar o desechar.

Aquí el artículo en cuestión:

- En USA no trabajan "alto rendimiento" desde niños.

El deporte en USA es una parte de tu vida, cultura diaria, desde Educación Física Escolar hasta deportes competitivos (Primaria-Universidad)

- USA no trabaja bajo Institutos de deporte gubernamental, trabaja en ligas escolares, ligas regionales, ligas colegiales, ligas competitivas.

- USA no permite conflictos de interés ej: Funcionarios de Asociación quienes al mismo tiempo laboran cómo entrenadores, y si lo llegan a hacer es con magnitud de restricciones.

- Deportes en USA no dependen de presupuestos Estatales, ni esperan que les den "apoyos". La gente se organiza, los padres de familia se incorporan al equipo, se buscan y se crean fondos propios y se usan a favor de los chicos.

- En USA no representas Selecciones Estatales ni pierdes tiempo pidiendo y/o esperando permisos y fondos. En USA compites x tu equipo, y la competencia nace por mera "selección natural" entre programas.

- En USA las Federaciones se especializan, por deporte y categoría, integrando gente que está educada en el medio o tiene experiencia en el medio, no eligen gente incompetente por ser "compas".

- En USA, los deportes y negocios relacionados al deporte se especializan por áreas, no son un "buffet" de productos cómo aquí, donde todos quieren ofrecer desde enseñanza hasta "alto rendimiento".

- El alto rendimiento en USA comienza hasta la Universidad, a menos que vayas a una prepa especializada particular que lo ofrece. ¡En MX quieren ingresar niños a "alto rendimiento" **Desde La Etapa Infantil!**

- En USA el deporte en las escuelas es formación integral, aquí se trata cómo "hobby" o extracurricular.

En sus Marcas...

• En USA el entrenador puede vivir de su profesión, aquí necesita 2-3 trabajos para sacar los puros gastos fijos.

• En USA los ayuntamientos ven a los programas deportivos como "socios", aquí los ayuntamientos no están abiertos a tener "socios-usuarios" ni a coordinar el uso de sus instalaciones y solo se preocupan en "ganar-ganar"

• En USA se disfruta el deporte, en MX se politiza y se aborda con harto "interés y seriedad" pero se rige sin reglas, sin protocolos, y sin lineamientos congruentes-justos-eficientes.

• Finalmente, en USA se interesan por **Todos** los deportes. En México solo se interesan en el Fútbol y el nivel es **Muy** bajo. ¡Ah! Y ahora en Béisbol porque es el deporte preferido de YSQ.

¿Qué les parecen estos diferentes estilos y sistemas de organización y trabajo deportivo?

Que no estamos en las mismas condiciones, cierto, pero los principios no son cuantitativos, sino cualitativos.

Alguien nos hace notar que la mayoría de los mejores nadadores de México estudian y entrenan en USA. Por algo será.

Así que, podemos aprender y tomar lo que nos conviene o podemos seguir haciendo lo mismo.

Cada quien tiene su propia opinión al respecto.

Rafael Belmonte Olivares

¿Por Qué...?

**"Fija tus ojos hacia adelante
en lo que puedes hacer,
no hacia atrás en lo que no puedes cambiar"**

Una de las preguntas recurrentes en el mundo de la natación mexicana es ¿por qué México no ha vuelto a tener otro campeón olímpico después del 68?

En los foros, en las Clínicas, en los medios siempre surge esta pregunta.

Tuve la oportunidad de ver un Conversatorio entre tres destacados personajes del mundo de la natación mexicana.

Ellos fueron Juan Manuel Rotter, campeón y seleccionado nacional, comentarista internacional, columnista.

Otro fue Dietter Holtz, también campeón y seleccionado nacional, estudió, entrenó y compitió en USA. Fue uno de los tres personajes más mencionados para la dirección de la CONADE en este gobierno.

El otro nadador fue el campeón, seleccionado nacional, dos veces olímpico (Seúl 88 y Barcelona 92) y ex Presidente de la FMN, Javier Careaga.

Fue una muy interesante platica entre tres conocedores de la natación mexicana e internacional.

Al comentarse que le está faltando a la natación de México para estar en los lugares dominantes de la natación mundial se enfatizaron los siguientes puntos:

• Hace falta a la natación mexicana un Plan de Trabajo a largo plazo, no planificar solo por años, sino por varios ciclos olímpicos, como hacen los países dominantes.

• Se requiere hacer un seguimiento de los nadadores de gran talento, desde que son detectados en las etapas juveniles hasta que llegan a su madurez deportiva.

• Hace falta una estructura en la FMN que se ocupe de cada disciplina, de su planeación, seguimiento y evaluación.

En sus Marcas...

- Habría que hacer un cambio significativo en los sistemas de competencia, se recomienda volver a los campeonatos nacionales por clubes, como se hacía anteriormente. El sistema actual solo establece la participación por selecciones. Eso ha provocado que muchas asociaciones, clubes y entrenadores se conformen en solo formar parte de una selección y no le estimula al trabajo productivo de sus respectivos clubes. Lo ideal sería tener un campeonato nacional por clubes y otro por selecciones, como se hace en USA y que tan buen resultado les da.
- Otro de los problemas de la natación mexicana es que el sistema de organización de competencias nacionales ha determinado volver a la participación desde las categorías 8 y menores, algo que en los años 80 al 2000 se había eliminado. Incluso México dejó de participar a nivel internacional en las categorías juveniles para proteger estas edades.

- Lo anterior ha provocado que los entrenadores, buscando obtener becas y reconocimientos han trabajado desde edades tempranas con entrenamientos de especialización, lo cual los técnicos y metodólogos recomiendan se inicie hasta la etapa juvenil.

- En estos tiempos es común ver a nadadores infantiles haciendo entrenamientos de 5,000 a 10,000 diarios en busca de un mejor rendimiento, pero en detrimento de su desarrollo a largo plazo.

- Se olvida que el desarrollo del deportista es a largo plazo y por etapas.
- También se comentó que para obtener los mejores resultados hay que invertir en los diferentes rubros, financieros (sueldos a los entrenadores, becas a los deportistas, competencias de preparación, etc.) de infraestructura (mejores instalaciones), equipos multidisciplinarios, etc.

Rafael Belmonte Olivares

• En México solo tenemos alrededor de 22,000 nadadores que comparados con los países con natación destacada que tienen más de 200,000 atletas es una gran desventaja. Se requiere mayor promoción a esta disciplina.

• En los nadadores es importante inculcarle el amor a su disciplina, la identidad con sus clubes, tener metas claras y precisas y sobre todo un gran compromiso para lograr sus metas, decirles que tienen que salir de su zona de confort para lograr mejores resultados.

• Dietter Holtz terminó su participación diciendo: "lo más importante que puede ofrecer la natación es la formación, el inculcarles valores para la vida".

• Javier Careaga expresó: *"En la natación, como en los otros aspectos de la vida, no hay atajos para llegar a la meta, hay que correr la milla, para llegar".*

• Rotter cerró diciendo: "a la natación de estos tiempos le falta unidad, formar una comunidad estrecha entre deportistas, entrenadores y padres de familia".

"Cuando algo es lo suficientemente importante lo haces, aunque todas las posibilidades entén en tu contra"

¡Esta es la opinión de los expertos!

En sus Marcas...

¿Por qué no mejoramos los resultados de México 68?

Walt Disney Dijo:
"Preguntate si lo que estas haciendo ahora te acerca al lugar en el que quieres estar mañana"

Una vez terminados los Juegos Olímpicos de Tokio ante los resultados obtenidos por nuestros deportistas, una vez más, surge la pregunta: ¿por qué no podemos mejorar los resultados de México 68, donde obtuvimos 9 medallas, tres de oro, tres de plata y tres de bronce. Ha sido la mejor actuación de México en la historia de los Juegos Olímpicos.

Sobre este tema, el **Dr. Ricardo Marmolejo Álvarez**, Ex Director Técnico Nacional de la Federación Mexicana de Natación y entrenador nacional en varios JO disertó en una Clínica Internacional de Natación realizada en Boca del Río, Ver. en 2019.

El **Dr. Marmolejo** hizo una semblanza de cómo estaba la natación mexicana en 1968 y por qué se obtuvieron los resultados en los Juegos Olímpicos, mismos que más de 50 años después no se han podido superar y expuso lo siguiente:

1. ¿Qué teníamos en 1968 y que no tenemos ahora?

- Instalacion, **CDOM** (centro deportivo olímpico mexicano).
- Mejores nadadores mexicanos juntos.
- Entrenador capacitado, Ronald Johnson (dep).
- Concentracion cdom (dormir y comer).
- Ciencias aplicadas al deporte.
- Transporte escolar, **CDOM-UNAM**.
- Competencias internacionales.
- Entrenamiento a nivel mundial.

2. ¿Qué no tenemos en 2021?

- No hay una instalacion fija para la selección.
- No estan los mejores nadadores mexicanos juntos.
- Hay entrenadores capacitados, pero no contratados.
- No hay concentraciones. Alimentacion y hospedaje.
- Ciencias aplicadas, particularmente en la conade.
- No hay coordinacion escolar (escuelas y deporte).
- Competencias internacionales. Solo las hay despues de quedar seleccionados.
- Entrenamiento a nivel mundial faltan programas de alto nivel y seguimiento.

3. ¿Qué necesitamos para que México pueda tener buenos resultados a nivel internacional?

- Tener una instalacion fija para la selección.
- Es importante tener dos instalaciones fijas para llevar entrenamientos y concentracion de las diferentes selecciones nacionales de edades hasta primera fuerza, estas instalaciones deben ser una a nivel del mar y otra para entrenamientos en la altura.
- Estas deberan tener todas las condiciones optimas.
- Tener juntos a los mejores nadadores mexicanos.
- En la actualidad tenemos a los mejores nadadores dispersos en universidades de usa y a lo largo y ancho de la republica mexicana. Hemos dejado que solo avancen los nadadores que se van al extranjero, quienes tienen ventajas por las calida de organización deportiva en sus universidades.
- En México necesitamos tener las condiciones necesarias para elevar la calidad de los nadadores que se encuentran en mexico y competir con lo que dan las universidades en USA.
- Tener concentraciones programadas durante el año, capacitar a los entrenadores para que den seguimiento a lo planeado y tener mejores nadadores y

entrenadores salidos de un programa mexicano.
- Entrenadores capacitados.
- Los entrenadores mexicanos tambien necesitan el roce internacional para elaborar programas adecuados para nadadores que tienen posibilidades de llegar a calificarles a nivel internacional. Debe haber contratos especificos por medio de los institutos del deporte de los estados, por la **CONADE** y por la **FMN**.

- **Concentraciones**

Buscar el lugar de idoneo para concentraciones que brinde todas las facilidades para comer, dormir y entrenar, lo mas cercano posible uno del otro. Esto aumentaria el descanso de los nadadores asi como su rendimiento.

La alberca debe tener todo el equipamiento necesario para tener agua a temperatura y claridad adecuadas, sala de pesas, carriles y bancos de competencia, asi como la disposision abierta de horarios para entrenamiento.

- **Entrenamiento y competencias.**

Necesitamos implementar un plan nacional de entrenamiento del que parta el calendario anual de competencias y concentraciones de natacion en las cuales se veran y evaluaran los resultados de cada nadador, entrenador y programas aplicados.

Las competencias deben de estar programadas con objetivos de evaluacion progresiva y de acuerdo a pronosticos establecidos.

Trabajo que no es evaluado tiene pocas probabilidades de desarrollar hacia el éxito de lo programado.

Rafael Belmonte Olivares

Entrenamiento a nivel mundial.

Juntando todos los requerimientos anteriores podemos estar en posibilidades de poder un programa de entrenamiento a nivel mundial.

• Para poder llegar a tener nadadores de nivel mundial necesitamos entrenamientos:
• 10,000 Horas de trabajo que comprenden 5 años con 6 horas diarias de entrenamiento continuo.

En México trabajamos la mitad o tal vez menos, y para alcanzar a los mejores nadadores del mundo necesitamos entrenar mas y mas fuerte.
Este es la opinión del ex director técnico nacional: basado en lo que hicimos antes, lo que tenemos ahora y lo que se requiere para alcanzar el nivel mundial que todos anhelamos.

Pero como siempre, usted también debe tener su propia opinión.

En sus Marcas...

Precisiones

**"Si las cosas no han cambiado,
es porque siguen igual"**
El filósofo de Güemez

En colaboraciones pasadas hablaba acerca de la actual actividad que está teniendo la natación mexicana, esto generó varios comentarios de diversa índole.

Cada quien tiene una opinión diferente y es válido disentir.
Otra vez vuelvo a tocar el tema, no para calificar, sino para describir los hechos.
La controversia se da por los eventos convocados por el Consejo Directivo de la FMN, quien al tener el apoyo total de la CONADE sigue en funciones, a pesar de que su período terminó desde hace algunos años. Hay que recordar que la Asamblea para elegir el nuevo Consejo Directivo no fue autorizada por la FINA hasta que se modificaran los Estatutos aprobados en la Asamblea Extraordinaria por no estar en armonía con las reglas de la FINA, lo cual no se ha dado.
En fin, a pesar de que la FINA nombró una Comisión Estabilizadora para que resolvieran el problema, esta no ha podido ejercer plenamente su autoridad porque el CD de la FMN no acepta la disposición de la FINA.
Basado en eso la FMN, mejor dicho, el Coordinador de Natación convocó a los eventos Grand Prix Jr. y Gran Prix Sr., ambos con carácter selectivo.
El Grand Prix Jr. se realizó en Cancún con una participación de 30 asociaciones y 404 nadadores.
Llama la atención que los equipos de algunas asociaciones, cuyos presidentes están abiertamente apoyando a la Comisión Estabilizadora hayan participado en un evento que esta no reconoce.
Al preguntar a uno de esos presidentes por qué iban a participar en un evento de la desconocida FMN, la respuesta

fue que ellos estaban dejando en libertad a sus nadadores y entrenadores de elegir su participación.

Quiere decir que algunos presidentes de asociación están priorizando el apoyo al trabajo de sus nadadores, entrenadores y equipos aún en medio del conflicto entre los dirigentes. Demuestran que para ellos son más importantes sus deportistas que otro asunto.

Mientras, la CE ya comunicó que ambos eventos no son reconocidos como selectivos para ningún evento internacional ya que solo la CE puede gestionar, inscribir y avalar las selecciones nacionales de todas las disciplinas acuáticas.

Es por eso que la CE lanzó una convocatoria para un evento selectivo para integrar los equipos nacionales a los eventos internacionales en este año, CCCAN, Universiada y el Mundial.

No sabemos si por estrategia o por alguna otra razón la CE va a realizar su evento selectivo en la misma ciudad y en la misma fecha que el evento de la FMN.

La programación de ambos eventos va a permitir que muchos nadadores participen en ambos eventos simultáneamente.

En las pruebas que quieran ser seleccionados nacionales participarán en el evento de la CE, en las pruebas que quieran ir a los Juegos Nacionales estarán en el evento de la FMN.

Nunca se había dado esta situación.

"La confusion está clarísima" (F. Güemez)

Volviendo al problema de la FMN y la CE este tendrá una larga duración mientras Kiril Todorov reciba el pleno apoyo de la CONADE.

La CONADE controla las becas de los deportistas y de los entrenadores, así quien quiera seguir recibiendo su beca está obligado por la normatividad de CONADE a seguir participando en los eventos de la FMN.

Por otro lado, la CE ya envió un comunicado diciendo que, al no contar con el apoyo de las autoridades deportivas de México, entiéndase CONADE, todo nadador seleccionado a los eventos internacionales deberá cubrir sus propios gastos. Alguien dirá, no será la primera, ni la última vez que los deportistas que quieran representar a su país tengan que pagar sus propios gastos.

En resumen, tenemos que decir que quien está sosteniendo a Kiril Todorov es Ana Gabriela Guevara. Mientras tenga su apoyo, Kiril seguirá "dirigiendo" las actividades de la natación.
Pero este apoyo de la CONADE también le permite tener el apoyo total de muchos presidentes de asociación. Ya los vimos en el Grand Prix Jr.

¿La solución? La CE debe actuar de acuerdo a los propósitos que se le dieron al ser designada, son solo dos:

Convocar a una Asamblea Extraordinaria para armonizar los Estatutos con los de la FINA y luego convocar a la Asamblea General para elegir al nuevo Consejo Directivo de la FMN.
Otra salida sería que por propia iniciativa de la mayoría de los presidentes de asociación se convocara a la Asamblea Extraordinaria. Pero, eso lo veo muy difícil. Hasta ahora los presidentes de asociación están del lado del que paga.
También se ha considerado la posibilidad de convocar a las asociaciones para integrar una nueva Federación de Natación que si esté reconocida por la Words Aquatics.

Diría el filósofo de Güemez:

**"Estamos como estamos...
porque somos como somos"**

Esa, es mi opinión.

Capítulo 12

Grandes Personajes de la Natación

Eulalio Ríos Alemán
El mejor Nadador Veracruzano de la historia

Hoy quiero recordar al **Mejor Nadador Veracruzano de Todos Los Tiempos** cuya historia nos compartió el **Ing. Eduardo Moreno**.

"**Eulalio Ríos Alemán** es considerado el mejor nadador del Estado de Veracruz de todos los tiempos y uno de máximos nadadores de México".

Hijo de **Genaro Ríos Aguirre** y **María Nicandra Alemán**, nació en 1935 en Hueyapan de Ocampo, siendo un joven alegre y vivaracho que gustaba del béisbol y practicaba la natación en el río cercano a su casa, entrenando nadando contracorriente.

Dotado de extraordinarias facultades participó en algunas competencias de nado de crawl en el puerto de Veracruz y en Xalapa.

Más tarde se traslada a esta ciudad para estudiar la preparatoria y se integra al glorioso equipo de la Universidad Veracruzana, el mejor del Estado en aquellos tiempos que dirigía **Toño Murrieta Necoechea**, entrenando en la fría pileta "la playa", cercana al parque de los Berros, en donde al poco tiempo domina a los nadadores estatales en el novedoso estilo de mariposa con patada de delfín, logrando para la época marcas espectaculares, que lo llevarían a conquistar los campeonatos nacionales de primera fuerza durante casi una década, eclipsando a las estrellas del Centro Deportivo Chapultepec, cuya figura era **Walter Ocampo**.

Impuso records nacionales para los 100 y 200 metros mariposa, distancia a la que más se adaptaba por su tremenda potencia y excelente ritmo.

Internacionalmente representó a México en los Juegos Panamericanos de 1955 en México donde se coronó campeón de América al alzarse con el triunfo en los 200 Mariposa y donde el equipo de México fue 3er. Lugar en el relevo combinado, nadando **Mejía, Ocampo, Eulalio** y **Olguín**.

Sorprendidos los entrenadores norteamericanos -según se dice- estudiaron y filmaron su técnica, pero poco les valió pues ese mismo año realizó la hazaña de ganar el Campeonato Nacional Abierto de los Estados Unidos, en las 220 yardas; derrotando en la Universidad de Yale a los ases de la natación mundial, en su propio gallinero.

Sin ser muy corpulento, 1.62 metros, pero en la plenitud de su carrera deportiva, asiste en 1956 a la Olimpiada de Melbourne, Australia. nadando en la segunda eliminatoria de los 200 mariposa, que por primera vez se incluía en el programa olímpico al separarse de la prueba de pecho. Marcó un tiempo de 2:28.1, para clasificarse a la gran final, logrando en esta un destacadísimo sexto lugar con un tiempo de 2:27.3, que duraría más de 20 años como record Veracruzano y con la mejor actuación Olímpica, de cualquier nadador veracruzano y en esa fecha, la segunda nacional, después del cuarto lugar del acapulqueño **Clemente Mejía**, en los 100 metros dorso de la Olimpiada de Londres, 1948.

Sin dejar de pensar en su futuro como individuo, se trasladó a la Universidad Nacional Autónoma de México, para estudiar Medicina y combinando sus estudios con la práctica de la natación se integra al equipo de esta, constituyéndose una poderosa escuadra que dominaría el panorama nacional por más de una década, con nadadores como **Jorge "Ropero" Escalante, Roberto Marmolejo** y **Rubén "Diablo" Vargas**.

En 1958 gana el campeonato de los Juegos Centroamericanos y del Caribe de Caracas, Venezuela y en 1959 compite en los Panamericanos de Chicago, donde alcanza el tercer lugar en los 200 mariposa y bronce en el relevo combinado con **Gaxiola, Marmolejo y Escalante.**

Compitió en su segunda olimpiada en Roma, Italia en 1960, en donde marca 2:24.2 para terminar 10º. Lugar.

Alejado temporalmente de la práctica de la natación por sus actividades profesionales, se prepara intensamente para su última competencia internacional; los Juegos Centroamericanos y del Caribe de 1962, celebrados en Kingston, Jamaica, en donde nadando la mariposa del relevo combinado, ganan para México la medalla de oro y después de ganar "su prueba" los 200 mariposa, es descalificado por una discutida decisión de los jueces.

Se retiró de la competencia y con el título de Médico Cirujano, regresó a su terruño, al que representó posteriormente como diputado.

Es por eso qué en reconocimiento a sus extraordinarios méritos deportivos, la alberca olímpica de la Universidad Veracruzana en Xalapa lleva su nombre.

En 1966 el Gobierno del Estado, le otorga en solemne ceremonia en el estadio Jalapeño, la presea **"Gloria del Deporte Veracruzano"** y su nombre se encuentra inscrito en la Sección Latinoamericana del Salón Internacional de la Fama de la Natación en Fort Lauderdale, Florida U.S.A., recibiendo el trofeo **"Cabeza de Palenque."**

Una escuela de su ciudad lleva su nombre, así como el parque deportivo.

En diciembre del 2009 su pueblo le rinde homenaje perenne al colocar en la plaza principal de Hueyapan de Ocampo un busto de bronce, con la asistencia del Gobernador del Estado y siendo presidente municipal su hijo **Eulalio Ríos Ferroni.**

**"Detrás de cada historia de éxito
hay muchos años de esfuerzo y sacrificio"**

Rafael Belmonte Olivares

Hace 56 Años la Gloria Olímpica

**Qué bello es recordar los momentos agradables
de nuestro deporte,
que desafortunadamente no son muchos**

Hace unos días estuvo en Veracruz el Lic. Felipe Muñoz Kapamas. A quien todos recordamos por los momentos inolvidables que dio a nuestro país en octubre de 1968.

Recuerdo que el ingenio mexicano bordó algunas versiones respecto al apodo del **"Tibio"**. Decían que le apodaron así porque su mamá era de Aguascalientes y su papá de Río Frio.

La verdad es que le llamaron así su entrenador y compañeros porque cuando llegaba a la alberca donde entrenaba el agua estaba siempre fría y él la quería tibia.

El **Lic. Felipe Muñoz** tiene parte en la historia del Club Acuario, él nos hizo el gran honor de venir a Inaugurar el **Centro Deportivo Aquabel en 1995**. Él engalanó la ceremonia de inauguración de nuestra instalación.

Pero volviendo el tiempo no nos cansamos de ver el video de la prueba de 200 metros pecho que se efectuó en la alberca olímpica **"Francisco Márquez"** de la ciudad de México, sede de las actividades acuáticas de los Juegos Olímpicos del 68.

Es emocionante vivir una y otra vez esa prueba de los 200 metros pecho en la cual los favoritos eran **Brian Job** de los Estados Unidos quien en esa época tenía el record mundial de la prueba y el ruso **Vladimir Kosinsky** uno de los mejores pechistas del mundo.

En los JO del 68 uno de los grandes favoritos de la natación y el deporte mexicano era el nadador **Guillermo Echeverría**, de quien ya hemos escrito su historia, quien antes de los Juegos de México acababa de romper en una competencia en Santa Clara, California el record mundial en la prueba de los 1500 metros libres.

En sus Marcas...

Ya todos sabemos el resultado final, Guillermo terminó en el 5º. lugar de la prueba. Pero como decía la mama Goya, esa es otra historia.

En la prueba de los 200 pechos participaron 7 nadadores en la final, dos rusos, dos americanos, un japonés, uno de Alemania del Este y un mexicano: **Felipe "Tibio" Muñoz.**

En el carril 3 nadaba el ruso **Kosinsky**, en el cuatro el **"Tibio" Muñoz** y en el carril 5 nadaba **Brian Job.**

La prueba fue muy disputada. Desde los primeros 50 metros el ruso **Kosinsky** tomó la delantera, misma que mantuvo en los 100 y en los 150 metros.

Pero al dar la vuelta en los 150 metros **Felipe "Tibio" Muñoz** empezó a acortar distancias. Por los 175 metros ya estaba al parejo del ruso y de ahí tomó la delantera que ya no soltó.

Los últimos 25 metros de la prueba fueron de alarido, toda la alberca puesta de pie y gritando hasta lo máximo. Los últimos cinco metros ya estaba definida la prueba, el narrador ya decía **Medalla De Oro Para México**.

Al terminar la prueba era la locura en la alberca **"Francisco Márquez"**. Todos gritaban, todos se abrazaban. Un hecho histórico, inédito en la historia olímpica, hasta los jueces rompieron el protocolo y fueron a felicitar al **"Tibio" Muñoz.**

Felipe ganó la medalla de oro con un tiempo de 2.28.7 (en ese tiempo solo se contaba hasta décimas). El ruso **Vladimir Konsinsky** ganó la medalla de plata y **Brian Job** la medalla de bronce.

Un hecho que quedó escrito en la historia olímpica.

"La satisfacción del triunfo alcanza para todos"

Recordar, es vivir, vivir es gozar.

Rafael Belmonte Olivares

La Otra Medalla

"El éxito ocurre cuando tus sueños son más grandes que tus excusas"

En la historia de la natación mexicana hay dos grandes hazañas que hasta ahora han sido insuperables.

La medalla de oro de **Felipe "Tibio" Muñoz** en la prueba de 200 pecho en los Juegos Olímpicos de México 68 y el Record Mundial en la prueba de 1500 metros libres de **Guillermo Echevarría**.
Ningún otro mexicano ha igualado estos logros.

Un 7 de julio de 1968 en Santa Clara, California, en un evento de preparación de los seleccionados mexicanos a los JO del 68, en la prueba de 1500 libres participó **Memo Echevarría**, en la final nadó al lado de **Mike Burton** (USA) poseedor del record del mundo en esa prueba.

Ante la expectación de todo el público asistente Memo después de la mitad de la prueba empezó a despegarse y terminó en primer lugar y con un nuevo Record del mundo, con un tiempo de 16.28.10.

En ese mismo evento **Felipe Muñoz** ganó sus pruebas de pecho.

En el documental **La Otra Medalla** (Enrique Ballesteros Durán) se narra la historia del gran Memo, desde sus inicios en la natación hasta su retiro de las albercas, su lucha por la otra medalla, la lucha por la vida, sus éxitos y fracasos.

Memo se inició en la natación entrenando en una alberca de solo 18 metros junto a otros grandes nadadores de aquellos tiempos.

Su entrenador **Armando García Marín**, mejor conocido como el **"Cavernas"** ya que también era luchador, lo inició en las competencias.

Más tarde, conforme fueron llegando los triunfos fue concentrado en el CDOM para entrenar con el Coach Ronald

Johnson junto con la élite de la natación mexicana de esos años, como **Mari Tere Ramírez** (3º en 800 libres en el 68), **Raúl Villagómez, Laura Vaca, Luis Ángel Acosta, Felipe Muñoz** y otros más.

Con Ronald, Memo llegó a entrenar hasta 20 kilómetros diarios, en tres sesiones, su vida era nadar, comer, nadar, descansar y volver a nadar.

"La distancia entre un sueño y la realidad se llama disciplina"

Memo participó en los Juegos Olímpicos de Tokio, había buenas expectativas de su participación en esos Juegos, pero un gran problema de logística del viaje, llegar casi a tiempo de su competencia ´para aprovechar la altura y oxigenación de la ciudad de México en una ciudad de poca altura, pero no contaban con que Memo nunca se pudo adaptar al cambio de horario y llegó casi dormido a su prueba, así finalizó en 9º. lugar en los 1500.

Fue después en Santa Clara, meses antes de los JO del 68 en México que Memo estremeció el mundo de la natación al mejorar un Record del mundo. Esa hazaña fue motivo de grandes luminarias. La revista Swimming World le dio la portada, los diarios y las Televisoras le seguían a todos lados para entrevistas. Llegó a tal el asedio que en casa de Memo prohibieron contestar el teléfono.

La promoción y difusión de los logros de los deportistas es buena y es deseada, pero todo tiene un límite, cuando este se rebasa se vuelve negativa y perjudicial.

Eso fue lo que pasó con las expectativas de Memo rumbo los JO.

Todo mundo, periodistas, personajes de la natación, del deporte en general, autoridades, público le colgaron a Memo la medalla antes de tiempo.

El día de su prueba se llenó hasta las lámparas la Alberca Olímpica **Francisco Márquez**. Todos esperaban ver el triunfo de Memo. Hasta el Presidente de la República **Lic. Gustavo**

Díaz Ordaz hizo acto de presencia y le mandó una tarjeta que decía "Memo, nos vemos en el pódium". Afortunadamente no se la entregaron a Memo.

Pero la presión fue tal que Memo no pudo con ella. Fue demasiado.
Felipe "Tibio" Muñoz dice que, aunque también él era considerado para el pódium, el enfoque principal de todos fue sobre Guillermo y él se liberó de la presión y así pudo ganar la medalla de oro.

Memo terminó esa noche en 6º lugar de los 1500 metros libres.
Para estos tiempos sería una gran hazaña, pero no en el 68.
El público decepcionado le injurió y le gritó sandeces.
Desquitaron su decepción con Memo.
La revista Swimming World publicó

"Que Crueles Son Los Mexicanos".

Me recuerda un hecho bíblico: cuando a Jesús el domingo fue aclamado en su entrada a Jerusalén y días después le crucificaron.

Memo no volvió a participar en eventos internacionales.

Otro hecho, que cambió su vida tuvo lugar en 5 de agosto de 1981, en un viaje a Veracruz, venía a bucear, tuvo un fatal accidente en la carretera. Como consecuencia estuvo 56 días en coma.

Cuando recuperó la conciencia los médicos dijeron que jamás iba a poder caminar, hablar, etc.
Pero el **"Cavernas"** le enseñó que el dolor es parte de la vida, del crecimiento, que hay que aceptar y vencer el dolor.
Ese espíritu de lucha le ayudó a levantarse, su fortaleza de deportista jugó un gran papel en su lucha.

En sus Marcas...

40 años duró su batalla, el miércoles 24 de noviembre Memo a los 73 años descansa en paz. Se fue un ícono de la natación mundial y de México, un ejemplo para las nuevas generaciones.

Esa fue la lucha por **la otra medalla.**

"El éxito no está en vencer siempre, sino en núnca desanimarse"

Rafael Belmonte Olivares

La Historia de un Record Mundial de un Veracruzano

Hoy quiero compartirles la historia que nos narra
el **Ing. Eduardo Moreno Loyo,**
nadador Olímpico Veracruzano,
acerca de **"el submarino humano"**,
Constantino Zimbrón

"La memoria es porosa y con el paso del tiempo se va perdiendo el recuerdo de hazañas deportivas que causaron asombro y que por su grandeza merecen recordarse, como un ejemplo y para motivación de las nuevas generaciones; pues muy pocos atletas de México, de cualquier disciplina, han alcanzado una marca mundial.

Constantino Zimbrón Espejel, vivió en el Puerto de Veracruz allá por los años 50s, laborara como telegrafista de la S.C.T. y era apasionado del mar, habiendo tenido una niñez enfermiza, recurre a la natación para vigorizar su cuerpo y espíritu, con tal determinación que en 1956 realiza la travesía de nado Villa del Mar-Sacrificios-Villa del Mar, en 3 hrs. 20 min.
En 1957 asombra al nadar en solitario durante 7 hrs. el trayecto Bocana-Isla Verde-Villa del Mar.

Por esas épocas se iniciaba en Veracruz, la práctica del buceo autónomo con los primeros equipos para respirar bajo el agua, desarrollados por **Jaques Costeau**. Zimbrón como era popularmente conocido, se integra al grupo pionero del club "Hombres rana de Veracruz" y descubre el fascinante mundo subacuático, en el que incursiona como un gran cazador submarino, logrando presas y "mareas" de excepción.

Al documentarse sobre los efectos fisiológicos de la profundidad en los buzos, se entera que el español **Eduardo Admetla**, logró frente a Cartagena España, lo que se consideraba imposible descender a 100 metros de profundidad!, llamado el muro de la muerte. Impresionado por esta proeza que implica unos riesgos tremendos, a Zimbrón le nace la idea de bajar a esa cota.

Le empezó a dar vueltas en el espíritu aventurero de Zimbrón y a pesar de los medios técnicos y económicos necesarios para una proeza de tal envergadura y ante opiniones encontradas entre sus mismos compañeros ¡decide intentarlo! Para tal efecto, acompañado de Juan José Riesco Muñoz realiza inmersiones de 70 mts. y el 19 de Julio de 1963, en el lugar conocido como "los pregones" de Antón Lizardo, desciende hasta 89 metros, certificados por su amigo **Alfonso Capallera Mateos**, quien lo difunde en la prensa local, como un hecho sin precedentes en Veracruz.

Tocando puertas para obtener apoyos, recurre en la ciudad de México, al **Gral. José de Jesús Clark Flores**, entonces Presidente de la Confederación Deportiva Mexicana, quien avala el intento, para que se realizara en la bahía de Acapulco el 18 de diciembre de 1963, con el auxilio del Comando Submarino de la Secretaría de Marina.

El día de la verdad había llegado. Para comprobar la profundidad alcanzada, se recurrió a un cabo lastrado en el que se colocaron tablillas desprendibles que marcaban las cotas y como emergencia permanecerían dos buzos de la Armada a los 50 metros. Ante la expectación y nerviosismo de los presentes en la embarcación, Zimbrón se sumergió usando dos tanques de acero, una serie de imágenes pasan por su mente y desdeñando las negativas, se aferra a su determinación. A los 50 metros se aleja del último buzo y continua, lenta pero inexorablemente, hacia el azul profundo acompañado de su soledad.

Pasa el tiempo y no se sabe nada de él, se teme lo peor, pero a los doce minutos es detectado por las burbujas que ascienden y habiendo agotado su reserva de aire, un tercer buzo le provee el necesario para la descompresión.

Rafael Belmonte Olivares

Al emerger muestra orgulloso al notario y oficiales la cota alcanzada **¡102 metros de profundidad! ¡Marca mundial!** El mexicano, **Constantino Zimbrón**, llamado "el submarino humano" por la prensa capitalina, a la edad de 43 años, realizó su sueño.

Enamorado del mar, continúo practicando el buceo en su Veracruz hasta una avanzada edad, iniciando a sus nietos **Víctor Hugo Santos** y **Ricardo Sosa Ramírez**, hoy excelentes buceadores.

En una ocasión cuando realizaba una excursión submarina con un grupo de amigos, en el arrecife de la Anegada de adentro, fue alejado de la embarcación por una fuerte corriente y al no localizarlo lo consideraron perdido, temiendo lo peor y que hubiese quedado atrapado en el fondo; se da la alarma y se organizan grupos de búsqueda en el área, que resultan inútiles, pues la corriente lo arrastró hacia el Sur y al notar que aun con su mejor esfuerzo no podía dominarla, se deshizo del lastre y de sus tanques de buceo.

Al caer la noche, conservando su visor y snorkel, se amarra los pies y manos para flotar mejor en posición de "bolita", dormitando apenas. En la noche del segundo día, agobiado por el sol y el cansancio, sufre alucinaciones en la que aparece su fiel perro manteniéndolo alerta y estando a la deriva sintió el roce, de la varilla del arpón que conservó amarrado, con piedras de arrecife; dándose cuenta que el movimiento de las corrientes lo había conducido hasta la Isla Verde, a la que hizo pie con sus menguadas fuerzas y de donde fue recogido por una lancha de pescadores, que le comentaron que ya se le daba por muerto.

En agradecimiento y como devoto ferviente de la Virgen de Guadalupe, posteriormente colocó una efigie de piedra de 90 cms. en el fondo del arrecife de la Anegada de Adentro, lugar donde se perdió, a una profundidad de 35 mts., que actualmente es un sitio de buceo, conocido como "La virgen de Zimbrón"

En sus Marcas...

Como último homenaje en vida, en 1996 las máximas autoridades deportivas nacionales, como la Confederación Deportiva Mexicana y la Federación Mexicana de Natación, le nombran "Prócer de la Natación Veracruzana" en ceremonia especial en el H. Ayuntamiento.

Cediendo en el irremisible acto de la vida, el indómito Zimbrón fallece en 1998 y cumpliendo su deseo, sus nietos y amigos depositan sus cenizas en la madre mar, en el lugar de su virgen, y desde entonces cada 12 de diciembre, día de la virgen de Guadalupe, se efectúa una peregrinación submarina para honrarlo".

Esta es la historia de un buzo veracruzano que logró la hazaña de implantar un **Record Mundial** de ese deporte.

**(Excelente narración
del Ing. Eduardo Moreno Loyo)**

Capítulo 13

Reflexiones

Las Vacas no dan Leche

"El trabajo aleja de nosotros tres grandes males, el aburrimiento, el vicio y la necesidad"
Voltaire

Quiero compartirles un artículo que encontré en la red. Me parece muy interesante y debe movernos a reflexión.
Se refiere a la importancia de trabajar arduamente para lograr cumplir con nuestros objetivos y metas.

Les invito a leerla con detenimiento:

"Un campesino acostumbraba a decirles a sus hijos cuando eran niños:

—Cuando tengan 12 años les contaré el secreto de la vida.
Cuando el más grande cumplió los 12 años, le preguntó ansiosamente a su padre cuál era el secreto de la vida.

El padre le respondió que se lo iba a decir, pero que no debía revelárselo a sus hermanos.

—El secreto de la vida es este —la vaca no da leche.
—¿Qué dices?, — preguntó incrédulo el muchacho.
—Tal cual lo escuchas, hijo, —la vaca no da leche, hay que ordeñarla.
—Tienes que levantarte a las 4 de la mañana, ir al campo, caminar por el corral lleno de excremento, atar la cola y las patas de la vaca, sentarte en el banquito, colocar el balde y hacer los movimientos adecuados.

Rafael Belmonte Olivares

—Ese es el secreto de la vida, —la vaca no da leche.
—La ordeñas o no tienes leche.

Hay una generación que piensa que las vacas DAN leche. Que las cosas son automáticas y gratis: deseo, pido, y obtengo.
Que las cosas son automáticas y gratuitas. No, la vida no es cuestión de desear, pedir y obtener. Las cosas que uno recibe son el esfuerzo de lo que uno hace.
La felicidad es el resultado del esfuerzo. La ausencia de esfuerzo genera frustración.
Así que, recuerden compartir con sus hijos, desde pequeños, este secreto de la vida. Para que no crean que el gobierno, o sus padres, o sus lindas caritas van a darles todo cual vaca lechera. NO.

**"Las vacas no dan leche
hay que trabajar por ella"**

¿Qué les parece esta reflexión?

Es una gran verdad que debemos compartir con nuestros hijos, nuestros alumnos, nuestros deportistas y todos aquellos que están bajo nuestra responsabilidad.
Dice un refrán: "Hay que trabajar para merecer". Nada es gratis en esta vida. Nuestros amigos alvaradeños tienen una frase:
"El que quiera comer pescado tiene que mojarse…", jajaja, tienen razón.
Hay que fomentar la cultura del esfuerzo, del trabajo, de la persistencia.

**"El esfuerzo solo es esfuerzo
cuando comienza a doler"**
José Ortega y Gasset

Desafortunadamente en nuestros tiempos vemos a muchas personas, deportistas, entrenadores, dirigentes, autoridades, empresarios, etc. que quieren tener el éxito, quieren tener resultados sin dar el extra, sin el sudor de su frente.

Es más, hay muchos que esperan el trabajo de otros para agenciárselo y luego presumir el éxito.

Bien dice el conocido dogma del deporte:

"No Pain, no Gain"

Si no te duele no habrá resultados.

Del cielo solo nos cae la lluvia, la nieve, el granizo, todo lo demás hay que buscarle.

Muy repetida la frase, no por ello aprendida:

**"No todo el mundo que trabaja
ha tenido éxito.
pero todo el mundo que tuvo el éxito
es porque ha trabajado duro"**

No hay atajos en el camino al éxito. Como dice **Vidal Sasoon:**

**"La única parte donde éxito está
antes que trabajo, es en el diccionario"**

Para alcanzar resultados tenemos que salir de nuestra zona de confort.

Así que recordemos:

"Las vacas no dan leche"

Rafael Belmonte Olivares

la Hormiga y el Grillo

"Una cosa es ver hacia el futuro y otra cosa es hacer planes de acción"

En los tiempos de pandemia y cuarentena hubo oportunidad de releer algunos libros muy interesantes.

En mi pequeña biblioteca encontré un libro de David Noonan, "Esopo, lecciones de negocios poderosas".

Hoy quiero compartirles una de sus fábulas, por cierto, muy conocida, pero lo más importante es la aplicación que tiene esta fábula, tanto en nuestra vida personal, como en el manejo de nuestras organizaciones deportivas.

La hormiga y el grillo

"Un grillo canturreaba ruidosamente en el calor pleno de un día de verano. Una hormiga le advirtió que pronto llegaría el invierno y que más bien debía ponerse a pensar en cómo se protegería del frío. El grillo ignoró risueño a la hormiga y siguió cantando, sin pensar más que en su placer inmediato. En cambio, la hormiga pasó el resto del verano recolectando granos de trigo que almacenaba para alimentarse durante los meses invernales.

Llegó el invierno y fue bastante crudo. Cierta noche el saltamontes entumecido y hambriento se acercó a la hormiga para pedirle algo de comer. ¿Qué hiciste todo el verano mientras yo acopiaba alimento?, le preguntó la hormiga.

"recuerda que yo también me mantuve ocupado", contestó el grillo, "Me la pasé cantando todo el día"

Sin inmutarse la hormiga le dijo con toda seriedad: "Puesto que cantaste todo el verano, todo parece indicar que tendrás que bailar todo el invierno para no morirte de frío"

Moraleja de Esopo:

"Es sabio prepararse hoy para las necesidades del mañana"

Reflexión:

Es aquí donde viene una pregunta: ¿Cómo nos preparamos personalmente o como empresa para estos tiempos de invierno? (pandemia)
¿Teníamos alguna planeación en nuestro club, gimnasio, alberca, equipo, organización, etc. para cuando llegaran tiempos como los que estamos viviendo?
¿Consideramos en la planeación un punto de imprevistos?
¿Hicimos una previsión para los tiempos difíciles?
¿Nuestra visión fue a largo plazo o fue a un futuro inmediato?

¿Involucramos a nuestros empleados (maestros, instructores, entrenadores, personal de servicio, de oficina, etc.) para que en tiempos difíciles todas las partes fueran solidarias?

Los que estamos del otro lado, de dueños o gerentes o directores de empresas, tenemos el compromiso de hacer rentable nuestra organización. Para bien de los dueños y de los empleados.

¿Nuestra falta de previsión hizo que tuviéramos que hacer recorte de personal y de gastos de operación?

Por eso es importante que siempre tengamos una planificación a largo plazo. Eso nos permitirá salir adelante en los tiempos de crisis.

Siempre que planeamos debemos de considerar los problemas de hoy y los problemas que podemos tener en el mañana. La pandemia nos ha tomado a muchos totalmente desprotegidos. Esto ha causado estragos en nuestras organizaciones, ya sea deportiva o de cualquier otra índole.

Cuando atendemos los problemas a futuro nos podremos mantener funcionando en los próximos cinco o diez años.

De lo contrario, como ya ha sucedido en muchos casos, veremos el cierre de muchas organizaciones.

Rafael Belmonte Olivares

Es importante que en nuestros clubes, equipos e instituciones nos mantengamos innovando, ofreciendo servicios atractivos, usando nuevos sistemas de enseñanza y entrenamiento, usando la nueva tecnología, las herramientas e implementos que nos permitan aumentar nuestra eficiencia y productividad.

Los tiempos de crisis no nos deben agarrar desprevenidos. Si usted ve una institución u organización con las puertas cerradas, no es solo por la pandemia, es también por la falta de previsión y de elementos emergentes que les permitan seguir en acción.

Una importante lección de negocios es:

La planeación a largo plazo es la clave para la supervivencia y el éxito.

"Aprendamos de la fábula de la **Hormiga y el Grillo** y

apliquemos la moraleja en nuestro trabajo".

Made in the USA
Columbia, SC
27 May 2024